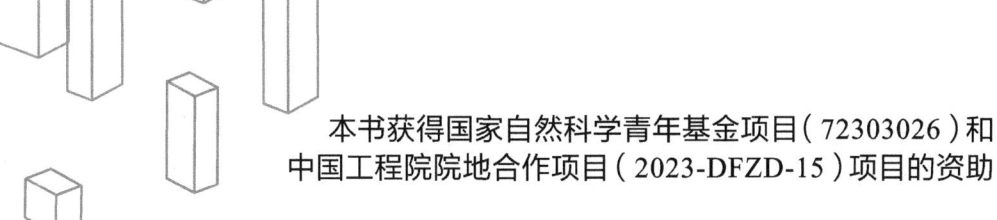

本书获得国家自然科学青年基金项目（72303026）和
中国工程院院地合作项目（2023-DFZD-15）项目的资助

城市群视角下的
产业空间共聚效应研究

Research on Spatial Co-agglomeration Effect of Industry
from the Perspective of Urban Clusters

陈 露◎著

经济管理出版社
ECONOMY & MANAGEMENT PUBLISHING HOUSE

图书在版编目（CIP）数据

城市群视角下的产业空间共聚效应研究 / 陈露著 .

北京：经济管理出版社，2024. -- ISBN 978-7-5096

-9941-6

Ⅰ. F299.21

中国国家版本馆 CIP 数据核字第 2024AH1409 号

组稿编辑：任爱清

责任编辑：任爱清

责任印制：张莉琼

责任校对：蔡晓臻

出版发行：经济管理出版社

　　　　（北京市海淀区北蜂窝 8 号中雅大厦 A 座 11 层　100038）

网　　　址：www. E-mp. com. cn

电　　　话：（010）51915602

印　　　刷：唐山玺诚印务有限公司

经　　　销：新华书店

开　　　本：710mm×1000mm /16

印　　　张：11.75

字　　　数：230 千字

版　　　次：2024 年 11 月第 1 版　　2024 年 11 月第 1 次印刷

书　　　号：ISBN 978-7-5096-9941-6

定　　　价：88.00 元

前　言
●

　　通过多个产业共聚而形成的产业集群综合体逐渐成为未来产业空间发展的重要形式，新时代下产业空间新形态正在不断突破传统行政边界，逐步形成以核心城市为枢纽、多城市产业协同发展的圈层化产业空间新格局。打造世界级城市群已经上升为中国中长期的国家战略，城市群是未来中国产业发展的主要空间载体与重要地理单元，城市群空间下的产业结构转型升级与产业高质量发展将是推动区域经济发展质量变革、效率变革、动力变革的重要抓手。

　　本书在机器学习 Wasserstein 距离算法思想的基础上，运用矩阵扩张 Sinkhorn 算法和熵正则化约束法改进 Wasserstein 距离算法及其求解方式，通过假设检验与蒙特卡洛模拟构建产业共聚指数，测算中国城市群的产业共聚水平。从对中国 21 个城市群的产业共聚测度的研究结果发现，中国城市群产业空间共聚指数的总体分布存在显著差异，这种差异一方面来自跨产业共聚与同产业共聚层面，另一方面来自区域层面。在总体分布上发现产业间共聚的水平远低于产业间非共聚的水平，而同二位数产业下的产业间共聚水平高于非共聚的水平，2007~2013 年中国城市群产业间共聚总体水平降低、局部精细化合作水平提升。从产业共聚的影响因素来看，投入产出关联与技术关联对产业间的共聚发生的影响显著，且规模差距产生的"学习效应"是一个重要的产业影响因素；从区域影响因素角度来看，城市群层面上的政府规模、经济水平、交通基础设施与开放程度都不同程度地抑制了产业共聚的发生。

　　基于产业共聚指数的计算，本书进一步结合复杂网络算法定义了反映区域产业空间关联全貌的"产业空间"概念，并提出了产业空间的分析范式：从网络空间参数、网络核心节点以及产业空间密度指标三个方面描绘产业空间的特征。通过对长江三角洲城市群跨度 15 年的案例研究，刻画了该城市群 1998~2013 年产业空间的结构形态与演变趋势。从总体上来看，长三角产业空间结构经历先趋于紧密后趋于分散的倒"U"形过程，2008 年前后是空间结构趋势转变的拐点。从产业空间的结构形态上来看，长三角地区支柱产业呈现多元化发展趋势，支柱产业向高质量、高技术产业转变，表明区域内产业内部结构优化特征。进一步地，从劳动力池、技术溢出及规模效应的角度分析长三角城市群产业空间结构差异及演变趋势，发现劳动力密集型支柱产业在网络中的地位逐步下降，技术密集型支柱产业与规模经济支柱产业在网络中的地位逐步提升。

对于产业共聚形成的产业空间网络带来的生产率绩效提升效应的研究，本书以静态技术进步模型理论框架为支撑，基于微观企业的数据，测度企业层面的全要素生产率，考察"向共聚"和"被共聚"两个方向上企业的全要素生产率受到产业共聚的影响效应。结果表明，企业的生产率在两个方向上均显著受到产业共聚带来的正向外部性的影响，同时"向共聚"的效应显著大于"被共聚"的影响。从地区异质性和产业异质性两个角度讨论了企业生产率绩效提升的差异性，结果发现，产业空间共聚的方向性的地区异质性存在显著差异，"向共聚"水平影响效应呈现"东弱中西强"，而"被共聚"水平影响效应呈现"东中强西弱"。在"向共聚"方向上，高技术与中技术、低技术产业间不存在显著差异，而"被共聚"方向上，中技术和低技术产业的影响效应均显著低于高技术影响效应。

对于产业共聚形成的空间网络对产业创新绩效提升的影响研究，本书在知识生产函数的框架下，利用工业企业和专利数据库，实证检验了行业方向性空间共聚形成差异化技术知识池的创新绩效提升效应。研究发现，行业创新水平会受到产业空间共聚形成的多样化技术知识池的正向影响，在使用英国的产业共聚指数作为工具变量解决可能存在的内生性后，研究结论依然成立。其中，知识溢出是产业共聚受到非本部门技术知识池影响的主要机制。主动共聚的创新溢出效应明显高于被动共聚，技术知识池对行业创新规模的提升效应大于对行业创新质量的影响。进一步研究发现，具有投入产出关联的行业间只有主动共聚才能显著提升双方行业的创新能力，而具有技术关联的产业共聚产生了明显的"寄生作用"，这为 Jacobs 的外部性提供了一个新的解释视角。

对于产业共聚形成的空间网络对产业就业动态增长的影响研究，本书基于产业内溢出与产业间溢出的动态增长模型，实证考察了产业空间共聚的"向共聚"和"被共聚"两个方向上对产业就业增长的动态溢出影响。研究发现，产业共聚空间关联的"向共聚"的溢出效应显著负向影响产业的动态增长，产业共聚空间关联的"被共聚"显著正向影响产业动态增长。从产业异质性的角度进一步分析，在"向共聚"方向上劳动密集型和资源密集型产业大于技术密集型和资本密集型产业受到的负向影响，而在"被共聚"方向上正向影响产业就业动态增长的产业多为技术密集型和资本密集型产业，受到负向影响的多为劳动密集型产业。从地区异质性的角度来看，东部、中部、西部产业共聚产生的就业动态增长影响存在显著的差异；从共聚的正外部性的角度来看，东部的正外部性最强，西部地区次之，中部地区最弱。

　　本书的政策启示主要有以下五个：①建立与完善以城市群为主导的产业空间治理体系，将产业互动融合与产业链高效整合作为城市群产业空间治理的重点与方向。各城市群在寻求产业结构升级与高质量发展过程中，要充分考虑产业间的内在联结关系，特别是产业间的单方向关联，对这一客观规律的准确认知有利于区域产业结构调整的高效、合理与科学决策。②产业空间治理存在较大的政策施展空间。一方面，城市群跨二位数产业间的共聚水平仍有较大的发展空间，利用跨二位数产业的事实共聚突破传统产业划分壁垒，进而实施高效产业空间结构调整是未来城市群产业治理的重要抓手；另一方面，产业性质相似的产业间存在空间依赖，城市群产业政策需要充分调动同二位数产业的共享生产要素，合理配置产业上下游产业资源高效共聚以形成良性的产业发展生态圈。③鉴于当前中国各个城市群的产业共聚程度与产业共聚的经济增长存在较为明显的区域性差异，城市群治理群体需要制定差异化的产业治理策略。决策者可结合本区域内现有产业空间分布特点，摸清内部产业空间结构，促使具备投入产出依赖与技术依赖等共聚条件产业间共聚的"从无到有"，提升高效能、高产能产业间共聚的"从有向优"。④面对产业高质量发展与战略性新兴产业发展的客观需求，地方政府应当进一步为高技术产业的有效共聚提供良好的外部条件。⑤通过科学规划工业园区的做法能够加速隐性知识传播，进而促进区域产业集群综合体创新能力提升。充分考虑产业间共聚的方向性，结合地区产业共聚的规律科学规划，营造良好的营商环境，促进主动空间共聚的发生。同时，需要进一步建立具有技术关联的产业集群综合体，打破"零和博弈"，促进区域产业体系创新能力的综合提高。

陈　露
2024 年 6 月 20 日

目

录

•

第一章　导　论

第二章　产业共聚与经济增长文献综述

第八章 结论、政策启示及研究展望

参考文献 // 145

附 录 // 161

第一章

导　论

　　在导论部分，本书将从城市群产业共聚研究的选题背景出发，阐述本研究的理论意义和现实意义。结合拟解决的关键问题，充分阐述整体框架和研究思路，同时介绍本书采用的研究方法和本书的创新之处。

第一节　问题的提出

一、选题背景

　　为应对复杂多变的世界局势和当今中国经济发展中的诸多问题，中国把区域性发展战略作为推动经济转型升级的重要动力之一。与此同时，中国社会主要矛盾已经转化为人民日益增长的美好生活需要和不平衡不充分的发展之间的矛盾，在当前平衡区域失衡发展的一系列重大风险与挑战面前，党的十九大报告中提出建立更加有效的区域协调发展新机制，以城市群为主体构建大中小城市和小城镇协调发展的城镇格局。这个论断是党中央在全面系统总结改革开放以来我国城镇化发展的新阶段、新特点和新趋势的基础上做出的，对新时代我国城镇化发展战略的推进具有纲领性指导意义。在《中华人民共和国国民经济和社会发展第十四个五年规划和 2035 年远景目标纲要》中也特别强调要完善城镇化空间布局："发展壮大城市群和都市圈，分类引导大中小城市发展方向和建设重点，形成疏密有致、分工协作、功能完善的城镇化空间格局……增强全球资源配置、科技创新策源、高端产业引领功能，率先形成以现代服务业为主体、先进制造业为支撑的产业结构，提升综合能级与国际竞争力。坚持产城融合，完善郊区新城功能，实现多中心、组团式发展"。此外，自"十一五"以来，城市群就被提升到国家战略层面，而在最新出台的《国家新型城镇化规划（2014–2020 年）》中特别指出要优化提升东部地区城市群，培育发展中西部地区城市群，建立城市群发展协调机制，促进各类城市协调发展，特别是增强中心城市辐射带动功能、加快发展中小城市，同时有重点地发展小城镇，构建城市群内部综合交通运输网络。由此可以看出，城市群是我国区域发展战略中最为重要的组成部分。2019 年 8 月中央财经委员会第五次会议也进一步指出："中国经济发展的空间结构正在发生深刻变化，中心城市和城市群正在成为承载发展要素的主要空间形式。"会议明确提出了打好产业基础高级化、产业链现代化攻坚战，完善城市群空间治理，形成优势互补、高质量发展的区域经济布局。

当前，通过多个产业共聚而形成的产业集群综合体逐渐成为未来产业空间发展的重要形式，新时代下产业空间新形态正在不断突破传统行政边界，逐步形成以核心城市为枢纽、多城市产业协同发展的圈层化产业空间新格局。打造世界级城市群已经上升为中国中长期的国家战略，城市群是未来中国产业发展的主要空间载体与重要地理单元，城市群空间下的产业结构转型升级与产业高质量发展将是推动区域经济发展质量变革、效率变革、动力变革的重要抓手。城市群产业空间治理的难点在于区域层面既要"谋全局"也要"谋一域"，产业层面既要"顾整体"也要"抓重点"。不少地方政府在产业体系调整与重构中出现不同程度的产业工业区"大杂烩"与产业"孤岛"并存的现象，而城市群内部政府间也存在产业政策不协调与区域低效、过度竞争等乱象。准确判断产业体系内不同产业的空间联结与互动关系是解决上述问题以提高城市群产业空间治理水平的重要前提和基础性工作，科学合理地测度城市群产业共聚水平，进而深入发掘产业空间分布客观规律，对于城市群之间及城市群内部把握产业体系空间重构调整方向与制定布局优化策略具有十分重要的理论价值与现实意义。

同时，党的二十大报告指出："要强化国家战略科技力量，优化配置创新资源。报告还强调，要推动战略性新兴产业融合集群发展"。党的十九届五中全会也指出："坚持创新在我国现代化建设全局中的核心地位，把科技自立自强作为国家发展的战略支撑"，"强化企业创新主体地位，促进各类创新要素向企业集聚"。虽然中国已经成为世界上产业体系门类最为齐全的大国，但是产业体系的创新能力不能称为强国，产业高质量发展的必由之路是自主创新，创新能力的提升是微观企业与宏观产业做大做强的共同努力方向。有研究表明，研发活动与其他生产活动相比具有突出的集聚特征（Buzard et al.，2020），产业内部的集聚与跨产业间的共聚都是创新提升的重要经济活动表现。厘清跨产业共聚带来的经济产出外部性，研究其对产业经济增长特别是创新产出影响的内在机理和机制是当前学术界尚未深入开展的工作。把握好产业共聚的内在规律，实现产业集群综合生态健康、稳步、可持续发展是当前中国产业体系规划与建设的重要议题。

二、研究问题与研究意义

本书主要对城市群产业共聚测度、城市群产业空间刻画和城市群产业共聚经济增长效应三大方面进行了研究。首先，在机器学习 Wasserstein 距离算法思想的基础上，运用矩阵扩张 Sinkhorn 算法和熵正则化约束法改进 Wasserstein 距离算法及其求解方式，通过假设检验与蒙特卡洛模拟构建产业共聚指数，测算中国城市群的产业共聚水平。其次，在产业共聚指数的基础上，结合复杂网络技术定义"产业空间"概念，并以长三角城市群为案例，从劳动力池、技术溢出及规模效应的角度分析了城市群产业空间结构差异及演变趋势。在对城市群产业共聚的经济增长效应研究中，本书分别从微观企业生产率提升、宏观产业创新绩效提高与产业动态增长三个角度，从理论与实证两方面进行充分的论证与研究。

基于以上研究背景和研究问题，本书有以下两个意义：

（1）理论意义。本书综合运用新经济地理学、城市经济学与产业经济学等多种理论，其理论意义有以下四个方面：一是本书通过时空地理大数据，结合计算机学科前沿的机器学习算法和统计学的蒙特卡洛模拟方法，提出了产业共聚指数的方法，为产业经济学和区域经济学的研究增添了新的研究工具和研究视角，为产业经济学与计算机科学、地理学等多学科之间的跨学科研究提供研究框架参考。二是本书还进一步结合复杂网络技术，通过产业共聚的关联定义了"产业空间"的概念，这为研究产业体系特别是城市群视角下的产业体系与结构关系提供了新的分析范式。三是本书进一步扩展了产业空间溢出分析的一般均衡模型，将地理空间分布相似性加入模型研究体系，为产业空间分布外部性的研究拓展了理论内涵。四是本书建立了城市群视角下的产业共聚与城市经济发展的理论联系，通过严谨的实证研究探索了城市群视角下产业共聚对产业经济绩效的影响机制。

（2）现实意义。本书的现实意义有以下两个方面：一是总体上来说，本书的研究内容与结论为建立与完善以城市群为主导的产业空间治理体系提供了理论依据与决策参考，为产业互动融合与产业链高效整合、各个城市群制定差异化产业治理策略提供了决策依据。二是本书的产业共聚的增长效应研究为"围绕产业链部署创新链，围绕创新链布局产业链"的产业布局模式提供了新思路与新方案，特别是当前改革进入深水区，是产业转型升级并高质量发展的关键时期，本书为区域产业结构合理化、产业创新引领化提供了参考依据。

三、拟解决的关键问题

本书的研究主题"产业共聚"较为前沿，从前人的研究来看，其测度的准确性、科学性与合理性是国内外学者关注的话题。同时，从测度指标出发，从多种角度探讨其外部性效应的大小也是学者们关注的焦点。因此，本书主要面临以下三个关键问题：

（1）关于产业共聚的测度问题。目前产业共聚存在两大类测度指标：第一类指标的代表是基于区位选择模型理论度量的 EG 指数（Ellison & Glaeser，1997），该类指标存在的主要问题是可更改的地理单元问题（MAUP）。第二类指标的代表是以 Duranton 和 Overman（2005）提出的 DO 指数，与 EG 指数相比，DO 指数能有效克服 MAUP 问题，但是该类共聚指数存在点集之间的规模差距导致的测量误差问题、距离标准的客观性不足、产业共聚测度时构建的 DO 指数置信区间存在统计意义问题、计算复杂度过高、不同空间尺度的 DO 指数不可比等一系列问题。同时，上述两类指标所具有的共同缺陷是基于单一产业集聚测度思想向产业间共聚测度方面延伸，而不是针对产业共聚提出的测度指标，这两类指标均没有考虑产业间共聚的方向性特征。因此，本书研究中的一大核心问题就是开发新一代产业共聚指数，结合计算机科学和地理学的综合手段，研究跨产业的空间聚集问题。

（2）关于产业空间概念界定与阐述问题。Hidalgo 等（2007）率先提出了产品空间（Product Space）的概念，在之后形成产品空间理论并被广泛应用（毛琦梁和王菲，2017；张亭等，2018；毛琦梁，2019）。但是，如何开展"产业空间"这一基于空间地理关联的研究尚无前人研究作为参考，本书需要从复杂网络理论找到依据，借鉴 Hidalgo 等的做法定义"产业空间"，并基于理论阐述产业空间演变的分析框架。

（3）关于城市群产业共聚的增长绩效研究。先前的研究者对于产业集聚的增长绩效开展了广泛的研究，但是鲜见对跨产业共聚的理论与微观与宏观的实证检验。从本书提出的产业共聚指数进一步扩展其带来的外部性经济效应研究，需要从理论到实证，从静态到动态，从微观到宏观，多角度、全方位地探索跨产业共聚带来的溢出效应。

第二节　研究思路与框架

第一章为导论。本章主要阐述城市群产业空间的经济增长的选题背景、研究意义，拟解决的关键问题、研究思路与框架安排、方法论支撑以及可能的创新之处，尝试从总体上把握研究起点、研究内容和预期目标。

第二章为产业共聚与经济增长文献综述。这一部分主要从城市群产业发展相关研究、产业共聚的概念与测度和产业共聚的经济绩效三个方面就前人的研究进行归纳总结。

第三章为基于机器学习算法的城市群产业共聚测度及影响因素分析。本章在机器学习 Wasserstein 距离算法思想的基础上，运用矩阵扩张 Sinkhorn 算法和熵正则化约束法改进 Wasserstein 距离算法及其求解方式，通过假设检验与蒙特卡洛模拟构建产业共聚指数，测算中国城市群的产业共聚水平，同时，本章还对产业共聚指数的影响因素开展实证研究。

第四章为基于复杂网络方法的城市群"产业空间"演变研究——以长三角城市群为例。本章定义了产业空间概念并阐释其内涵，提出了基于复杂网络的产业空间的分析框架，从网络空间参数、网络核心节点以及产业空间密度指标三个方面描绘了产业空间的特征。

第五章为城市群产业共聚的生产率绩效研究。本章提出了城市群空间中产业经济活动空间分布的静态分析模型框架，结合理论模型提出合理假设，通过对企业全要素生产率的测度考察生产率绩效，并进一步通过实证分析研究产业空间共聚对微观企业生产率的影响。

第六章为城市群产业共聚的创新绩效研究——兼议区域产业多样化集群建设路径。本章通过带有方向性的产业共聚指数来验证产业之间的空间关联所带来的创新绩效提升效应，基于专利大数据研究创新产出的数量和质量受到产业共聚的影响差异。此外，从投入产出关联、技术关联的竞争性关联角度出发，进一步分析多种关联的叠加效应差异。

第七章为城市群产业共聚的就业增长效应研究。在静态模型的基础上提出跨产业溢出的动态增长模型，基于该模型框架验证产业共聚在两个方向上对城市群产业增长的影响效应，进一步分析不同行业和地区间的产业增长的空间溢出效应差别。

第八章为结论、政策启示及研究展望。主要阐述本书所得到的主要结论，并在此基础上，提出一些政策建议。此外，还说明了本书存在的主要不足以及未来的研究展望。

第三节 研究方法与创新之处

一、研究方法

本书主要是关注城市群产业共聚指数的测度及其经济增长效应，为完成设定的研究目标和研究内容，本书将在实事求是的基础上，以理论联系实际、现象联系本质的研究思路贯穿整体，综合采用理论与实践相结合、实证研究与规范研究相结合的方法，具体来说主要有五种方法：

（1）文献分析法。在第一章的"导论"部分和第二章的"文献综述"部分，本书着重采用文献分析法。即采用文献分析法对前人的研究进行总结，把握该领域的研究趋势和不足，在此基础上，确定本书实施城市群产业共聚的测度方法与拓展方向，剖析中国城市群产业共聚的经济增长效应的理论基础。

（2）大数据收集与处理方法。本书的核心研究主题是"产业共聚"，依托企业空间大数据和其他一系列大数据展开研究。本书通过网络爬虫手段获取了中国微观企业海量的地理坐标数据和中国 40 年来的专利申请数据。同时运用 Python、Matlab、ArcGis 等工具对上述大数据进行批量清洗、匹配和运算等一系列复杂技术处理。

（3）机器学习方法。机器学习算法运用十分广泛，本书主要将在人脸识别、图片识别领域较为成熟的算法应用在产业共聚的测度领域。在本书第三章的"机器学习算法的城市群产业共聚测度及影响因素分析"部分，本书主要运用矩阵扩张 Sinkhorn 算法和熵正则化约束法改进机器学习 Wasserstein 距离算法及其求解方式，计算城市群内的两个产业的空间分布距离。在这一算法的基础上，进一步通过假设检验与蒙特卡洛模拟构建产业共聚指数。

（4）复杂网络分析手段。复杂网络（Complex Network），是指具有自组织、自相似、吸引子、小世界、无标度中部分或全部性质的网络，复杂网络理论在物理、生态、社会、经济、管理等各个领域有着广泛的运用。复杂网络理论从复杂系统最为基础的"联系"入手，通过将复杂系统高度抽象成为由节点组成的网络，从研究网络的拓扑结构和网络动力学入手来探索复杂系统的本质。通过复杂网络，可以进一步探寻网络的整体特征或局部网络特征。本书主要运用复杂网络分析手段研究城市群产业共聚的复杂关联关系，并结合复杂网络理论定义"产业空间"的具体概念，通过复杂网络的一系列规范的分析范式研究城市群产业空间的网络特征与演变规律。

（5）因果推断方法。本书主要通过固定效应和工具变量法研究城市群产业共聚的经济增长效应。在研究产业共聚的影响因素、产业共聚对微观企业生产率的影响效应、产业共聚对产业创新数量与质量的影响效应以及产业共聚对产业增长的影响效应时，本书均使用固定效应控制不可观测的影响因素，同时部分研究结合工具变量法手段，保证结果的稳健性和可靠性。

二、可能的创新之处

本书主要研究城市群产业共聚的经济增长效应，从产业共聚的测度、产业空间的演变和产业共聚经济增长效应的多个角度展开研究。本书在视角创新、方法创新、内容创新三个方面存在一定的创新与边际贡献。

（1）视角创新。从城市群这一尺度开展产业共聚的相关研究，在产业空间分布这一主题上，国内学者多从国家、省级或者地级市视角开展产业集聚、专业化与多样化等议题的研究。在城市群日益成为中国产业发展的主要空间载体与重要地理单元的当下，从城市群视角开展产业共聚与产业空间网络演变的研究为产业经济学的相关议题增加了边际研究产出。

（2）方法创新。首次在产业空间分布的研究中引入机器学习的相关算法，利用企业地理微观数据，在机器学习 Wasserstein 距离算法思想的基础上，运用矩阵扩张 Sinkhorn 算法和熵正则化约束法改进 Wasserstein 距离算法及其求解方式，通过假设检验与蒙特卡洛模拟获取反事实样本集进而构建产业共聚指数。这一方法的使用进一步拓展了产业经济学和区域经济学等相关学科的研究，并为经济学与计算机学科、地理学科的交叉融合研究提供了一定的借鉴。

（3）内容创新。结合产业共聚指数修正了城市群空间中产业经济活动空间分布的静态分析模型和动态增长模型，从微观企业生产率、产业创新绩效提升和产业动态增长多个角度研究产业共聚带来的溢出效应，并且充分研究各个被影响变量的异质性影响差异。

第二章

产业共聚与经济增长文献综述

新时代中国特色社会主义的经济体制改革将会深入推进，建立高质高效的产业体系与新型特色的城镇体系是学者广泛关注的话题。总体来说，学者主要就产业在地理上的聚集形成机制与驱动因素、产业空间共聚经济效应和城市群产业体系建构等问题进行了诸多有益的探讨。在中国当前经济下行压力增大、多重风险叠加与区域失衡的差距进一步拉大的背景下，关于如何以城市群为主要载体合理布局产业空间、产业与城市群的共生发展等问题进一步凸显。基于这样的背景，本书从产业共聚的概念与测度、产业共聚的经济绩效与城市群产业发展相关研究三个方面对前人的研究进行归纳总结。

第一节　研究概念及含义

一、产业共聚的概念

从美国西海岸的科技高地"硅谷"到伦敦繁华的 SOHO 社区，从中国引领潮流的中关村到德国鲁尔工业区，无数的案例告诉一个经济学最典型的空间分布事实：产业在空间上不是均匀分散分布，而是在一定空间上集聚。产业空间分布的最显著的特征是集聚（Krugman，1991），这一社会经济现象长期吸引着学者们的关注。产业内部集聚作为一个经典的产业经济学话题，最早可以追溯到德国经济学家冯·杜能提出的"孤立国"（The Isolated Republic）假想，冯·杜能提出的生产空间的分布差异模型是将古典经济学与古典区位理论相结合的分析范式。Marshall（1920）对产业集聚的理解是一种专业化工业区的形式，并将这种产业地理靠近的行为归结为由三大正外部性关联引致的，即劳动力蓄水池关联、投入产出关联和知识溢出关联，因此 Marshall 也被公认为是这一领域研究的开创者，其从劳动力池的共享、知识溢出、规模效应以及交通运输成本的降低等一系列角度剖析了英国存在的小企业集聚的现象，并把这一区域命名为"产业区"（王缉慈，2011）。随后，大批追随的研究者对这一经济现象开始了广泛的研究，学者把这一现象统称为产业集聚（Industry Agglomeration），其基本的特征是：产业的部门和机构在空间上集聚，并且彼此之间开展专业化的分工协作，这一紧密联系形成空间聚集现象。

产业共聚（Industry Co-agglomeration）的研究历史并不长，在过去研究产业集聚的研究中，学者都注意到了单独某一个产业在空间集聚现象并不多见，现实中往往是多个产业在地理上的集中形成产业集聚综合体。对于单个企业来说，其选择在地理位置上靠近特定的某些企业一定是可以从这一过程中获益的（Ellison et al.，2010），而这些特定的企业可以来自具有相似产业性质或者与其有业务往来的产业，也可以来自看似毫无关联或者从无业务往来的产业。产业这种通过地理上临近多样化产业产生的知识溢出与规模效应被称为雅各布（Jacobs）外部性，而这一种多类产业的空间集聚被 Porter 定义为产业集群现象（Porter，1990）。

Ellison 和 Glaeser（1997）最早提出产业共聚的相关概念，他们将空间上"成对的"或者"成群的"在一定尺度上地理集聚的产业群称为产业共聚，在随后的诸多跟随者的研究中，产业共聚特指两两产业间的空间集聚关系。在最新的一系列研究中，学者又进一步发现了产业的非"共同集聚"现象，具有竞争性的单一产业在空间上是分散的，但是其产业内部的个体企业在选址时往往会靠近另外一个产业内的企业，这一现象在服务业中零售企业选址时较为常见，这一现象不能用产业共聚这一概念加以简单概括，在 Billings 和 Johnson（2016）的研究中将这一现象称为"共同选址"（Colocalization）。综合来看，可以将企业个体行为的选择集合成的产业集体选址行为规律视为产业空间共聚概念的核心内涵。本书考虑到中文概念翻译与国内外研究的惯例，仍然使用"产业共聚"这一概念作为研究的主题。

二、产业集聚与产业共聚的概念区别

产业共聚与产业集聚有本质区别，产业空间共聚强调跨产业空间分布的依赖、联结与互动关系，而产业空间集聚侧重产业总体或者单个产业的空间分布形态。产业共聚能够更好地描绘出某一区域内的相近或相关联产业的空间结构关系。产业共聚与产业集聚的重要区别是产业共聚具有方向性，产业共聚可以与生态学中的群落的相互关系进行类比，生态学家指出，两个群落的关系如果是为了某种正向的关系而彼此依赖被称为群落间的正相互关系，在群落的正相互关系中有偏利共生（Commensalism）、原始共生（Protocooperation）和互惠共生（Mutualism）的区别，偏利共生是指当两个群落接触时，对一个群落有利，对另一个群落无影响；当两个群落分开时，对一个群落有害，对另一个群落无影响。原始共生是指接触时彼此有利，分开时彼此无影响。互惠共生是指接触时彼此有利，分开时对彼此都有害（Odum，2004）。这种群落之间共生的方向性在总结产业群体行为特征时也有一定的适用性，这体现在跨产业企业群体的彼此接近都是为了获取某些正向利益，例如，马歇尔外部性或者雅各布外部性，而这种产业群体的靠近存在明显的方向性，这一特征在企业选址过程中得到充分的体现，举例来说，A 行业中企业的地址选择会考虑特定的 B 行业中企业的位置，但是 B 行业的企业在选址时是否会考虑 A 行业内企业位置是不确定的。在传统的产业共聚研究中，通过上述的 EG 指数或者 DO 指数进行的产业共聚测度都认为两个产业是共同集聚的（陈国亮和陈建军，2012），或者说是所谓协同集聚的（陈曦等，2018），这显然不太符合产业共聚存在单向共聚的实际情况。

为了更直观地表现产业集聚与产业共聚的区别，本书利用图像进行示例说明，如图 2-1 所示。产业 A 与产业 B 在空间上均为分散，两个产业的数量相等且均为随机生成，可以明显地看出两个产业在空间上不存在依赖关系；图 2-1（2-a）中两个产业也是分散分布，但是产业 A（圆圈点）的附近均有产业 B（星点），反之亦然，因此可以认为虽然两个产业都空间分散，但是两个产业相互依赖，可以直观地发现两个产业之间存在空间相互依赖关系，而这种关系可以被认为是一种"共同选址"行为。图 2-1（1-b）中两个产业从单个产业来说都为集聚，但是在两个产业间的空间分布相距较远，很难形成紧密的产业间联系；与此相对的是，图 2-1（3-b）中两个产业均为集聚，可以发现产业 A 内的企业点位在空间上更依赖产业 B 内的企业点位，反之则不是，因此可以看出这种依赖的方向性特征。这种两个产业间的依赖关系通过传统的测度手段是很难度量的。

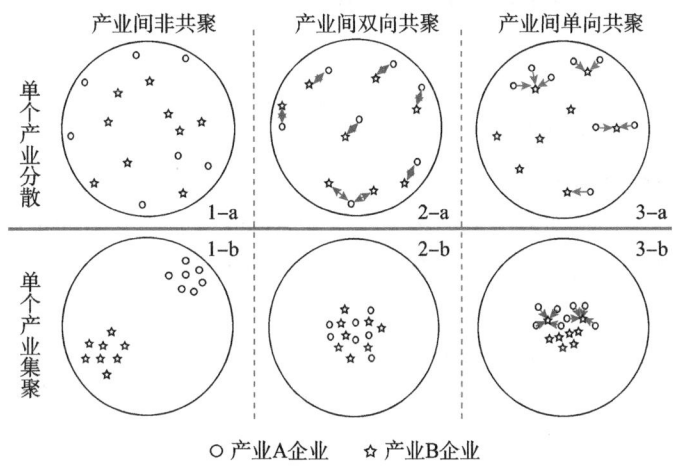

图 2-1 产业集聚与产业共聚概念区别

资料来源：笔者绘制。

第二节 产业共聚测度与影响因素研究综述

一、产业集聚测度方法的演进

在产业集聚的测度指标上，得到较多应用的传统指标有：胡佛系数（Hoover，1936）、克鲁格曼指数（Krugman，1991）、基尼系数（Keeble & Wever，1986）、泰尔指数、变异系数、区位商指数（Holmes et al.，2002）以及 EG 指数（Ellison & Glaeser，1997）等。较为前沿的指标包括 DO 指数（Duranton & Overman，2005，2008a）和 M 指数（Marcon & Puech，2010）等。此外，一些学者也采用莫兰指数（Moran's I）来测算产业在空间上的相关程度借以衡量产业空间的集聚程度。

Duranton 和 Overman（2005）提出了衡量产业集聚的指数需要符合五个条件：①产业间可比；②能够控制经济活动的总体集聚程度；③能够控制产业集中程度；④空间尺度与产业分类的不同不会改变指数估计值的无偏性；⑤能够进行估计结果的显著性检验。基于这个标准，他们将现有的产业空间集聚的测度方法划分为三代。第一代测度方法主要是指 1997 年以前所采用的方法，包括集中率、赫芬达尔指数和空间基尼系数等。这一代方法能够测度产业的地理集中程度，但是存在各个地理单元的非同质性、未考虑区域内企业规模分布对产业地理集中的影响等缺陷，且无法识别产业地理集中形成的原因。第二代测度指标是由 Ellison 和 Glaeser（1997）基于企业区位模型提出的 EG 指数，该指标体系不仅控制了区域规模对产业集聚程度的影响，也剔除了产业的市场集中度对产业集聚程度的影响，并且使计算结果在行业、地区和时间上更具可比性。这一代指标较上一代指标已经有了较大改进，但是仍然存在四个缺陷：①仍然有意识地把企业分配至具体的地理单元，这会带来大量信息的丢失，导致许多加总的问题；②由于 EG 指数在总和水平上不具有可比性，导致基于不同地理单元计算出的结果之间缺乏可比性；③许多现有的地理单元是根据行政区域而非经济相关性来定义，通常在人口和规模方面有非常大的差异；④任何空间水平集聚的企业会导致在所有集聚变量之间的虚假相关性，所选择的加总水平越高这个问题就越严重，这一问题被定量地理学家称为 MAUP（可更改的地区单元问题）。鉴于这两代方法的基础上，Duranton 和 Overman（2005）提出了能满足前文所述五大条件的新一代产业空间集聚指数——DO 指数，该指数与 EG 指数相比，能够准确测量一个产业内的企业在多少距离范围内是集聚的，可以较为真实地反映产业的空间集聚程度。Marcon 和 Puech（2010）在 DO 指数基础上又发展出了一个 M 函数的测度方法，基于距离的测算方法摆脱了"可更改的地理单元问题"的困扰，把离散空间转化为连续的距离，使集聚的测度精确到企业可能存在的任意范围。

国内学者研究产业集聚特征采用第一代与第二代指标居多，代表性的文献有 Bai 等（2004）、Wen（2004）、范剑勇（2004）以及冼国明和文东伟（2006）等。其中，最具代表性的是文东伟和冼国明（2014）利用 1998~2009 年中国企业层面的数据，从省、市、县三个层面，分别测算了中国 30 个二位数制造业、163 个三位数制造业和 430 个四位数制造业的产业 EG 指数，这是国内在第二代产业集聚测度指标的最全面、最细致的文献。囿于微观时空数据的难以获得，在 2014 年以前国内学者采用第三代测度指标进行产业空间集聚衡量的文献较少，刘春霞等（2006）采用修正后的 M 函数研究了 2001 年北京市 25 个制造业和 14 组投入产出密切相关行业的空间分布情况。何玉梅等（2012）采用销售额在 500 万元以上工业企业统计数据和地理邮编数据，基于连续距离的集聚指标研究了我国制造业 84 个细分行业集聚的空间演变特征。随着近年来大数据方法的广泛应用，采用第三代集聚指标对国内产业集聚的分布进行测算的研究逐渐增多。袁海红等（2014）选择 DO 指数利用北京企业微观数据进行了不同空间尺度细化行业的产业集聚测度研究，并对产业集聚的动态变化进行了考察。陈柯等（2018）结合百度 API 数据库的企业经纬度信息测度了中国工业产业 2003 年、2007 年和 2011 年的 DO 指数。

二、产业共聚测度方法的演进

产业共聚指标的测度与产业集聚测度有十分紧密的联系，跨产业的共聚测度方法基本上是由产业集聚的指标转化衍生而来的。Delgado 等（2016）将目前主流的产业共聚测度指标分为离散空间单元和连续空间单元指标两大类。

（1）第一类指标是基于区位选择模型理论度量的 EG 指数（Ellison & Glaeser，1997）和 C（r）指数（Devereux et al.，2004），该类指标同样存在显著的可更改的地区单元问题（MAUP）。Cassey 和 Smith（2014）概述了一种基于 Bootstrap 的方法，赋予了 EG 指数统计显著性，但是由于方法自身存在的问题，导致 MAUP 问题并没有得到有效的解决。

（2）第二类指标以 Duranton 和 Overman（2005）首创的 DO 指数为代表。Duranton 和 Overman（2005）基于微观地理距离、高斯线性核密度函数与反事实构建样本的基础上构建了产业集聚指数，并且在此基础上拓展提出了产业间共聚指数（Duranton & Overman, 2008b）。与 EG 指数相比，DO 指数能够有效克服MAUP 问题。在 DO 指数基础上，Marcon 和 Puech（2010）采用 M 累积函数构建了 MP 指数，又与 Lang（2015）一起使用 m 相对密度函数构建了 LMP 指数。这三个指数关系非常密切，都是基于距离的空间集聚的测度方法，所不同的是DO 指数可以计算全局或局部的共聚程度，而 M 函数和 m 函数可以识别点模型的空间结构（Marcon & Puech, 2017）。该类共聚指数不足主要有以下五个方面：①点集之间的规模差距导致的测量误差问题。行业的样本量往往是不同的，在计算产业集聚的过程中，学者就提出 DO 指数由于行业样本量的不同所带来的潜在偏差问题（Barlet et al., 2013），而基于两个产业子集两两距离计算产业间共聚关系时这种偏差被进一步放大。②距离标准的主观性问题。DO 指数在测度空间集聚或共聚时均会选用一个主观的距离标准，这个距离标准的合理性一直得不到有效解释。③在进行产业共聚测度时构建 DO 指数置信区间的统计意义问题。DO指数在衡量单一产业集聚时较为准确，但是在衡量跨产业共聚时，将两两企业的空间距离通过核密度函数降维，仅保留配对产业企业间的距离信息，在构建指标时使用的反事实样本中产业配对组间距离联合分布的数学意义无法得到合理解释，因此其存在统计学意义上的瑕疵。④计算复杂度问题。DO 指数构建过程步骤较多，且计算复杂度很高（Billings & Johnson, 2016）。⑤应用 DO 指数的空间尺度非常有限。DO 指数的空间尺度的选择是目前该指数无法得到广泛应用的主要障碍，特别是针对中国实际问题的研究中，学者多倾向选择全国空间尺度。

上述两类指标具有的共同缺陷是基于单一产业集聚测度思想向产业间共聚测度方面延伸，不是针对产业共聚提出的测度指标。正如在上一小节中关于产业集聚与产业共聚概念辨析中所提到的，产业共聚与产业集聚的重要差别是产业共聚具有方向性，产业共同选址的现象无法在这些传统指标中得到体现。在传统的产业共聚研究中，通过上述的 EG 指数或者 DO 指数进行的产业共聚测度都认为两个产业是共同集聚的（陈国亮和陈建军，2012），或者说是协同集聚的（陈曦等，2018），这显然不符合产业共聚存在单向共聚的实际情况。

鉴于上述两类指标存在的主要问题，Billings 和 Johnson（2016）提出了基于Wasserstein 距离算法思想的产业共聚测度方法，这一指数是近年来产业共聚研究的重要突破，算法理念与上述两类方法完全不同，因此可以被认为是第三类产业共聚测度指标。不过，该方法被引入产业共聚测度领域时使用的是较为基础的线性规划算法，计算结果的稳定性和精确性都存在显著问题。彼时机器学习这一研究领域尚未得到广泛重视，2017 年康奈尔大学的 Martin 团队将 Wasserstein

距离引入机器学习领域的 GAN 训练（Martin et al.，2017），创立了轰动机器学习领域的 WGAN 算法，该算法问世后被广泛应用于人脸识别、图片分析等机器学习训练领域（郑昌金等，2017；Carlsson et al.，2018）。经过几年的发展，Wasserstein 距离算法的精确度得到广泛认可，并且在计算理念与算法技巧上取得突飞猛进的发展，日趋成熟。本书在测度方法上主要借鉴了 Billings 和 Johnson（2016）算法，同时结合计算机学科在机器学习领域对该方法的改进策略，提出了精度更高、计算复杂度更低的产业共聚指数。

该指标主要有四个优点：①在理论上沿用了 EG 指数的基本思想，采用微观企业的地理信息，可以跨越行政区域进行计算，克服了 MAUP 的问题；②算法理念上沿用了 DO 指数的蒙特卡洛反事实模拟法，放弃计算企业间距离以及基于每个距离单位构建置信区间计算指数的主观做法，借助统计学假设检验方法赋予产业共聚指数客观性与统计意义；③巧妙利用反事实样本赋予产业共聚指数矢量特性；④由于采用企业微观地理信息，因此该产业共聚指数可以在任意空间尺度上使用。值得一提的是，有别于 EG 与 DO 等指数，该方法是针对产业共聚提出的专门测度方法，并不能用来测度单一产业的集聚水平。

由于受到方法和数据的限制，研究中国产业空间分布的文献大多数集中在对单一产业集聚现象的考察（文玫，2004；范剑勇，2004，2006；梁琦，2004；罗勇和曹丽莉，2005；路江涌和陶志刚，2006，2007；刘修岩和何玉梅，2011；何玉梅等，2012；袁海红等，2014；陈柯等，2018；邵朝对等，2018）。而关于跨产业共聚或者同产业内部细分产业共聚的测度研究都是通过第一类方法中的 EG 指数或 C（r）指数进行测度（陈国亮和陈建军，2012；贺灿飞等，2012；陈曦等，2018），鲜见基于微观主体、空间距离的第二类产业共聚指数测度（夏永红等，2018），第三类产业共聚指数测度的相关研究也尚未展开，因此基于企业微观层面更为准确的产业间共聚指数测度对拓展已有研究具有必要性与现实意义。

虽然基于机器学习算法的产业共聚指数可以在任意空间尺度下进行产业共聚指数测度，即 Delgado 等（2016）提出的"对任意空间分类变化的无偏性特征"，但是在实际测度过程中，仍然需要选择一定的空间尺度进行测量。

在应用中国的企业地理信息测度产业空间分布的过程中，本书认为在城市群这一空间尺度下进行测度是较为合适且具有非常重要的现实指导意义。过往学者在研究产业空间集聚或共聚问题时的空间尺度选择多为国家、省级与地级市层面（刘修岩和何玉梅，2011；何玉梅等，2012；陈国亮和陈建军，2012；贺灿飞等，2012；陈柯等，2018；邵朝对等，2018；陈曦等，2018），鲜见针对城市群层面的测度。必须指出的是，上述研究的空间尺度的选择都存在值得商榷之处，应用微观企业地理数据的研究主要集中于产业集聚的测度，其中大部分是基于全国空间尺度下进行的测度（何玉梅等，2012；陈柯等，2018；邵朝对等，2018），其距离分布的中位数分别为 2000 千米、3000 千米与 1100 千米，很明显，如此大的空间尺度下，产业集聚指数可能会捕获产业集群之间的距离。也有基于单个城市（北京）空间尺度下进行的测度（袁海红等，2014），其距离分布中位数为 35，实际上在这城市行政空间尺度下克服 MAUP 问题并没有意义。需要指出的是这些空间尺度的选择都是机械照搬 DO 指数的结果，并不能体现这一指数的本意。英国有其独特的两个地理特征：①四面环海且国土面积不大；②地理与城市分布均匀。显然，这两点对于中国这么广袤且复杂的国家来说并不符合。关于基于企业微观地理位置的产业共聚测度的尺度选择问题尚无直接的参考，但是产业集聚的测度能够作为一定的参考依据。

本书选择城市群这一空间尺度下进行产业共聚指数的测度，主要理由有以下三个：①新时代下产业空间新形态正在不断突破传统行政边界，逐步形成以核心城市为枢纽、多城市产业协同发展的产业空间新格局，因而基于城市群尺度的产业共聚测度具有一定的现实意义；②城市群可以模拟出"四面环海"的相对隔绝的地理空间特征，在城市群之间的非城市群城市可以作为产业分布的缓冲区域，这在克服 MAUP 问题的同时使研究产业共聚具有实际经济意义；③同一城市群的地理特征与城市分布相对均质，土地面积适中，不存在较大的差异，因而城市群是一个较为合适的空间尺度。值得一提的是，Billings 和 Johnson（2016）的产业共聚指数正是基于"丹佛—奥罗拉—莱克伍德"大都市功能区数据进行测度的，而美国大都市功能区与中国的城市群的概念与规模较为接近，基于城市群尺度的产业共聚指数的测度结果更具国际可比性。

综上所述，当前基于企业地理微观信息与 Wasserstein 距离进行产业共聚程度的测度有可靠的方法理论依据，在中国当前的产业共聚测度水平较低的情况下进行该指数的测度有充分的必要性和现实意义，同时计算机学科的发展为实现中国城市群空间尺度下的产业共聚测度提供了可靠的算法支持。此外，在这一指数的基础上，可以开展不同城市群下跨区域、跨产业的产业共聚影响因素实证研究，进一步拓展区域经济学与产业经济学的已有研究内容。

三、产业共聚的驱动机制研究

针对产业共聚另一个值得关心的问题是通过实证研究产业共聚的决定因素和机制进行经验分析。这些经验分析所依据的理论主要有马歇尔外部性假说、新经济地理的规模报酬假说以及与规模报酬相关的本土市场效应理论等。马歇尔（1920）认为，产业内企业地理聚集的力量本质上源于企业或个人在毗邻或交往中的劳动力共享、中间投入品共享和知识外溢等产生的外部性。20世纪90年代以来，新经济地理理论（Krugman，1991a，1999b）基于垄断竞争模型，在不完全竞争、规模报酬递增和"冰山"运输成本的假定前提下研究了单一产业内部与多产业之间在空间集聚的两个来源：消费者多样化需求和中间投入品的多样性需求。无论是经济个体交往中的外部性还是消费者和生产者的多样性需求，这些促进产业间集聚的内生因素，其大小和持续时间与地理位置、要素禀赋等自然优势以及本土市场规模、基础设施、制度环境和技术进步等诸多外生因素有关。这些外生因素被认为是构成产业或地区优势的条件，外生条件与内生因素相互作用，有力地解释了产业分布的空间动态，这也是国际贸易中的比较优势理论和新贸易理论拓展到新经济地理理论的主要逻辑思路。国外学者已经通过实证证实在美国、加拿大与欧洲投入产出联系、知识溢出效应和劳动池效应对单一产业集聚做出积极贡献（Rosenthal & Strange，2003；Duranton & Overman 2005，2008；Ellison et al.，2010；Behrens & Bougna，2015）。对于跨产业的空间共聚的实证检验主要是从马歇尔外部性和要素禀赋理论角度进行的，结果证明了马歇尔效应对跨产业共聚具有正向影响（Ellison et al.，2010），同时针对美国丹佛大都市圈的实证研究验证了交通基础设施的可及性、消费者的可及性和知识溢出对区域内的产业共聚具有很强的积极作用（Billings & Johnson，2016），但是这些研究只测算了一个区域或一个国家整体的产业共聚程度，无法对跨区域的产业共聚影响因素进行验证。

第三节　产业共聚的经济绩效的相关研究综述

一、产业共聚的生产率绩效相关研究

产业集聚与生产率绩效的互动关系已经得到了广泛的研究。新增长理论中的正外部性（Romer，1986；Lucas，1988）和Marshall产业外部性三大源泉被认为是产业集聚促进产业技术进步与生产率提升的主要解释。不过，Williamson（1965）指出，经济集聚在发展的早期阶段非常重要，这是由于发展初期的交通、通信等基础设施比较落后，资本市场不成熟，此时，生产活动在空间上的集聚会显著提高效率水平。然而随着经济发展，因拥挤导致的负外部性逐步显现，在达到一定的临界发展水平后，集聚的影响就会变为负方向，从而促使经济活动呈现空间分散的趋势。以 Ciccone 和 Hall（1996）的经典研究文献为开端，部分学者采用就业密度作为集聚的度量对集聚生产率提升效应进行了估计，研究证实就业密度对地区生产率具有显著的正效应（Ciccone，2002；Baptista，2003）。虽然使用就业密度克服了过去使用城市或市场规模来衡量经济集聚的缺陷，但是他们使用的都是截面数据，因而只是考察了集聚的静态生产率效应。范剑勇（2006）使用 2004 年中国的地级城市数据，考察了就业密度（反映经济集聚度）与劳动生产率之间的关系，研究结果表明，城市就业密度与劳动生产率之间存在显著正相关性，即经济集聚有利于劳动生产率增长。朱英明（2012）对产业集聚对区域和行业层面 TFP 增长的影响进行了分析，发现产业集聚的确可以显著地促进全要素生产率的提高。

与产业集聚不同，产业共聚对生产率的影响效应没有得到统一的结论。Holmes（1999）最早探讨了产业空间共同集聚对产业生产率的影响，其通过产业间的投入产出关系衡量产业间共同集聚的关联度，其研究结果表明区域内产业间的投入产出关系越紧密，则该区域产业劳动生产率水平越高。国内学者对于这一问题的讨论更多，范剑勇和石灵云（2009）用四位数行业所在的二位数部门内部其他四位数行业总体规模视作产业共聚水平，其研究表明，无论是从动态角度还是从静态角度来看，产业间共聚水平在总体上促进了行业劳动生产率的提高。范剑勇等（2014）使用多样化指数衡量县级城市的产业间的水平，发现多样化经济没有显著提升产业的全要素生产率，即便多样化经济促进了前沿技术进步，却没有促进地方整体全要素生产率的增长；贺灿飞和肖晓俊（2012）使用 EG 共聚指数研究了产业共聚对产业生产率的影响，发现产业共聚不利于企业生产率的提升，当然在研究中，作者也提出了这一结论可能与 EG 共聚指数特性有关。这几篇文献的主要问题仍然集中在产业共聚的指标准确度上，二位数部门内部的四位数产业规模指标是最为粗糙的衡量指标，同一二位数行业内部的产业其空间的关联性和投入产出关联性不一定很强。多样化经济指标可以反映一个地区的产业的丰富度，但是其前提是多样化的产业间地理靠近且发生了 MAR 溢出或者 Jacobs 溢出。EG 共聚指数的问题则更为明显，一方面是上文所指出的 MAUP 的问题，另一方面则是在全国层面测度的指标使这方面的研究单纯考虑产业的溢出特征，而忽略了区域差异化特征对产业生产率的提升所带来的影响。

二、产业共聚的创新绩效相关研究综述

产业的空间分布具有集聚与共聚的特征，集聚发生在同产业内部，共聚发生在跨产业间。作为两种重要的空间分布形式，长久以来，学者对于两者不同的关注重点引发了产业集聚效应的两派解释：一派主要考虑产业内部集聚的 Marshall 外部性；另一派主要考虑跨产业间的 Jacobs 外部性。

当然，两派学者都不否认知识溢出对集聚效应的正外部的存在，Marshall 的三大机制之一就是知识溢出，Arrow（1962）也通过研究发现了与非独占性和非竞争性用途的知识带来的外部性。但是 Jacobs（1969）更关注隐性知识的溢出，他将具备含糊的、偶然发现并被认可的和难以编码的知识定义为隐性知识，隐性知识是难以在较大的空间范围内进行传播的知识，只能在特定尺度的空间范围内通过直接的互动和交流获取，这是 Jacobs 外部性和 Marshall 外部性认可的地理位置的临近带来知识溢出的共同理论基础。因为一旦信息得到编码后，形式化的知识（专利、文字等）可以通过多种途径大范围传播，特别是在互联网信息时代，形式化的知识传播的地理空间限制几乎不复存在，这种知识的溢出成本接近于零。

地理上的接近影响着知识的溢出，正如 Krugman（1991a）所言："知识穿越走廊要比穿越高速公路更为容易"，因为隐性知识具有内在的非竞争性，而知识的发展在任何特定的应用中都可以很容易的溢出，并在完全不同的生产活动中实现经济价值。同产业集聚的知识溢出是显而易见的，由于享有相似的劳动力、技术工人与管理人员在行业内的流动更为容易，这种知识的溢出带来的同产业集聚的创新提升是容易解释的。问题主要在于跨产业的知识溢出的机制解释上，在理论上，不同产业间的创新模仿存在一定的技术壁垒，人员的流动也不如同行业那般容易，这种创新的溢出在 Jacobs 看来主要产生于产业链之间的跨产业集聚。而区域内部产业的丰富度与多样性对区域内部产业的创新绩效的正向影响已经得到了很多文献的支持（Duranton & Puga，2001；柳卸林和杨博旭，2020），但是即便在一个产业足够丰富的区域内部，跨产业的共聚也存在多种形态，因为不同的产业在空间上的分布也是有规律的，跨产业的共聚差异带来的创新溢出差异缺乏足够的实证支撑。

大量文献针对多样化、专业化与创新间关系展开了实证研究，即在知识溢出的基础上更为细致地关注城市内部的"产业集聚"，集中于基于多样化集聚与专业化集聚的分析，核心是分析跨行业间知识溢出与行业内溢出即雅各布外部性与马歇尔外部性各自效应以及相互效应间的比较。Jacobs（1969）着重阐述了雅各布

外部性与创新之间的联系，她认为产业多样性有助于推动不同部门之间工艺的相互借鉴而促进创新。Feldman 和 Audretsch（1999）、Harrison 和 Gant（1996）以及 Kelley 和 Helper（2006）等都证实城市的产业多样性加强了跨行业的溢出效应有利于创新。Paci 和 Usai（1999）发现，雅各布外部性和马歇尔外部性均能促进区域的创新，且雅各布外部性对高科技行业在大中型城市作用更显著。Boschma（2010）聚焦于意大利的开发区，考察了城市专业化的效应，发现专业化集聚为行业内知识交流提供了便利性，但也会导致行业内的内向效应以及较为激烈的同行竞争，从而可能会消解其对创新产生的正面影响。既有研究大多肯定了多样化发展所形成的雅各布外部性对创新的推动作用，但对专业化集聚形成的马歇尔外部性的影响并不明确，在肯定其积极意义的同时也指出了可能的负向影响渠道。同行业集聚带来的马歇尔外部性有利于企业间生产的共享、匹配与学习（Gerlach，2009），降低生产成本（Helsley & Strange，2007），但这一集聚类型对技术创新产生的正向影响可能相对较弱。城市的多样化与衍生的雅各布外部性则主导着跨行业的企业间技术外溢，为企业创新提供更多思想火花碰撞的机会（Jacobs，1969），更能促使新思想、新方法的产生。

三、产业共聚的经济增长效应相关研究

产业空间分布的差异性决定了不同国家或者地区存在的经济增长差异与收入差距的一个重要原因。经济活动的空间集聚与经济增长是一个相伴而生、难以分离的过程（Baldwin & Martin，2003）。实际上，Kuznets（1996）把经济活动的空间集聚看作是现代经济增长的一个典型事实。经济增长和地理集聚之间存在着高度的相关性也已被广泛证实。

早在 20 世纪 50 年代，由佩鲁开创的增长极理论就指出，主导部门或者创新产业常常通过空间上集聚分布于一些点而形成"增长极"，进而通过乘数效应和极化效应促进中心区域的经济增长。之后产业空间集聚分布与经济增长关系的研究被长时间搁置，直到以克鲁格曼（Krugman，1991；Krugman & Venables，1995；Fujita et al.，1999）为代表的新经济地理学派以及卢卡斯和罗默为代表的新增长理论，通过对外部性及收益递增的强调，为集聚经济的分析提供了新的切入点。近年来，一些新经济地理学家又融合新经济地理学与新经济增长理论而建立的一系列模型揭示，产业聚集和经济增长本质上是一个互相促进的内生化过程（Baldwin & Forslid，2000；Fujita & Thisse，2002；Dupont，2007）。新经济增长理论认为知识和技术外部性是经济发展的内生因素，通过空间地理区位的外部

性把集聚和经济增长联系在一起。鲍德温和佛斯里德（Baldwin & Forslid，2000）分别假定企业间存在垂直关联和劳动力的自由流动，结果表明，空间集聚和技术外溢促进经济增长，与资本的流动与否无关，表明空间位置和经济增长之间存在内生关系。Martin 和 Ottaviano（2001）假定劳动力不可流动，建立了经济增长和空间集聚之间的自我强化模型，认为经济活动的空间集聚能够降低创新成本，促进经济增长。此外，区域经济优势吸引更多企业集聚，达到累积循环的效果。Fujita 和 Thisse（2002）研究建立了一个"两地区三部门"的消费者偏好效用函数和资源中期分配模型。研究结果表明，当运输成本足够低时，现代化部门和创新部门都会集聚到一个地区，而传统部门则集中于另一区域。此外，随着时间推移，现代化部门中企业的数量会增加。他们还分析了一个内生增长框架下的两区域模型。结果表明集聚不仅会促进核心地区经济增长，同时还会带动边缘地区共同增长（Fujita & Thisse，2003）。尽管假设条件不同，但上述研究得到的结论基本相同，即空间范围内的产业集聚会促进经济增长。当然，集聚与增长之间可能并非只是简单的正相关。孙浦阳等（2011）基于全球 85 个国家近 10 年的面板数据探讨了国家内部经济活动的空间集聚对经济增长的影响，研究结果表明，伴随着国家经济的高速发展，集聚的好处将被削弱。

近年来，跨产业空间溢出的增长效应研究开始得到研究人员的重视。Glaeser 等（1992）将城市中跨期的产业技术进步分解为产业内溢出、跨产业溢出、国家层面产业技术进步和城市区域集聚溢出的综合影响效应（Hanlon 和 Miscio，2017），在通过将技术进步与产业增长构建的简单线性关系，进一步构建了产业跨期增长与产业内溢出与跨产业溢出、城市特征的分解效应，并对 1851~1911 年英国产业发展的长期发展影响展开实证研究，研究发现产业内溢出对产业增长的效应显著为负，跨产业溢出（产业共聚）对产业增长的效应显著为正，其研究的产业关联主要从投入产出关联、劳动力综合素质与劳动力综合技能相似度三个角度衡量跨产业的空间溢出。国内学者针对产业共聚的增长效应研究尚未开展，主要的问题仍然是准确的产业共聚指标和关键指标数据缺失。

第四节　城市群产业发展相关研究综述

城市群是城市在空间发展上的一种高级形态，如何推动城市群产业空间布局进而形成地区内部的产业合理化分工是城市群产业高质量发展的重要努力方向。

城市群的空间范围比地市级和省级尺度更为广阔，因此，从城市群产业政策的决策群体的视角来看，他们面临着城市群的产业局部发展与全局统筹并重、重点产业培养与产业体系构建并举的双重考验，对于城市群的产业研究，学者们往往从更为实际的角度出发展开研究，主要集中在城市群产业体系与分工和城市群产业经济增长效应两个方面。

一、城市群产业体系与分工的研究综述

区域分工理论是城市群产业体系研究的理论基础。分工有效地促进了生产力的发展，其表现形式既包括部门间、企业内和企业间的分工，也包括区域间、国家间的分工。区域分工是指相互关联的社会生产体系受一定利益机制的支配而在地理空间上发生分异（杨开忠，1989）。一般表现为区域生产的专门化或者形成一定的专业化部门。同时，区域间的贸易促成了这种分工的可能性。古典经济理论、新古典经济理论和新经济地理理论等为区域分工提供了强大的理论支撑。

个体城市的差异性与城市群的整体性本质上是区域分工差异导致产业在空间上分布的非均衡性的来源。国外学者力图通过理论模型建立产业空间分布的集聚与分散效应和城市群发展之间的联系。Alonso-Villar（2002）通过一个一般均衡模型来解释城市群的形成，城市层面的空间集中动力来自于企业层面上不断增长的收益与规模之间的相互作用、运输成本与劳动力流动之间的相互作用。Helsley和 Strange（2007）通过模型与实证得出了城市的规模和体系必须由产业的集聚效率来推动。

国内学者的研究很少涉及城市群的产业分工理论领域与集聚现象，主要的工作集中在城市群产业分工体系和产业集聚水平的测度上。赵勇和白永秀（2012）运用空间功能分工指数对中国城市群的功能分工水平进行了测度与比较，发现中国城市群功能分工水平总体相对较低，区域城市群分工水平差异明显。谭锐（2020）比较分析了粤港澳大湾区和旧金山湾区的城市分工的形成机制和水平差异，发现粤港澳大湾区在制造业层面的分工水平要大大低于旧金山湾区。梁红艳（2018）运用核密度估计和 Dagum 基尼系数研究了中国八大城市群生产性服务业的空间分布形态与演化方式，并且比较了区域差异。魏海涛等（2020）运用 DO指数测度了中国长三角城市群三位数产业的集聚程度，发现 15.9% 的产业空间表现为集聚，9.3% 的产业表现为空间分散。

二、城市群产业经济增长效应相关研究综述

城市群产业经济增长效应主要讨论产业分工与产业集聚带来的区域经济增长，近些年，国家将城市群作为产业发展的规划重要单元后，相关的研究不断涌现。张云飞（2014）以 Fujita 和 Thisse 理论模型为基础对城市群内产业集聚进行了理论分析，理论推导结果显示，城市群内产业集聚与经济增长之间存在非线性关系，同时利用山东半岛城市群制造业检验了产业集聚对城市发展的"门槛效应"。赵勇、魏后凯（2015）运用 2003~2011 年中国 16 大城市群的面板数据，考察了城市群空间功能分工与地区差距之间的关系，并进一步就政府干预对城市群空间功能分工的地区差距效应的影响进行了验证，得出地方政府干预会抑制空间功能分工演进带来的地区差距自发收敛过程的结论。赵娜等（2017）探讨城市群通过其空间集聚特征影响企业间投资支出行为的作用机制，发现城市群不仅会通过行业内集聚效应影响同行业企业间的投资策略联动性，且跨行业的同地区集聚效应也会导致同区域内的企业间投资支出产生"潮涌"现象。苗建军和郭红娇（2019）通过空间计量模型考察了产业协同集聚的污染效应，发现污染存在显著的空间溢出效应。伍迪迪（2020）通过面板数据研究了 15 个城市群相关多元化和无关多元化集聚对经济增长的门槛效应，发现在一定门槛条件下，无关多元化对经济增长负相关，相关多元化对城市群的经济增长效应也十分有限。李洪涛和王丽丽（2021）运用非线性固定效应实证检验了中国城市群中心城市科技创新能力对城市群产业结构的"U"型关系，产业分工布局的专业化和相关多元化受到中心城市科技创新能力的溢出效应。

总体来说，当前的城市群产业发展的研究多集中在宏观层面，产业体系的描述也多从产业分工、产业集聚和多样化经济等指标展开，缺乏基于微观企业层面的考察和更为细致的指标刻画。

第五节　对以往研究的简要评述

产业共聚和产业集聚作为产业空间分布两种重要的表现形式，对其开展研究具有十分重要的理论意义与现实意义。产业集聚的测度已经有了非常成熟完善的测度体系，而与之相对的产业共聚的测度还处于不断发展之中，当前基于企业地理微观信息与 Wasserstein 距离进行产业共聚程度的测度有可靠的方法理论依据，

在中国当前的产业共聚测度水平较低的情况下进行该指数的测度有充分的必要性和现实意义，同时计算机学科的发展为实现中国城市群空间尺度下的产业共聚测度提供了可靠的算法支持。在这一指数的基础上，可以开展不同城市群下跨区域、跨产业的产业共聚影响因素实证研究，进一步拓展区域经济学与产业经济学的已有研究内容。

针对产业共聚的经济绩效的研究由于指标体系的缺乏，相关研究进展缓慢。使用替代性指标诸如 EG 共聚指数、多样化指数得出的增长效应多为负相关，且研究多把产业集聚与产业共聚混为一谈，难以清楚地识别跨产业溢出带来的经济绩效。由于缺乏涉及微观企业、宏观产业，综合静态与动态的系统性研究，对跨产业间的空间溢出到底在多大程度上对产业内的企业生产率、产业总体创新水平和经济增长绩效的研究缺乏实证证据。

对于城市群的研究则刚刚起步，在这一空间尺度上讨论产业发展的研究相对宏观，多集中在产业分工水平、产业集聚水平和多样化经济水平的测度上，对于基于地理微观尺度的研究尚未展开，城市群层面上产业共聚水平的测度、产业共聚水平的经济绩效研究鲜有研究。

第三章

基于机器学习算法的城市群产业共聚测度及影响因素分析

　　城市群是未来中国产业发展的主要空间载体与重要地理单元。本章在机器学习 Wasserstein 距离算法思想的基础上，运用矩阵扩张 Sinkhorn 算法和熵正则化约束法改进 Wasserstein 距离算法及其求解方式，通过假设检验与蒙特卡洛模拟构建产业共聚指数，测算中国城市群的产业共聚水平。本章还利用产业共聚指数的方向性，分析了不同城市群产业空间核心产业的差异，绘制出城市群产业空间结构。本章还对产业共聚影响因素开展了实证研究。

第一节　引言

　　产业空间的集聚不是一种静态特征，而是随着企业的区位选择不断动态变化的，这种变化会随着外部条件与内在驱动因素的变化而呈现出集中或分散的趋势。对于一个广袤的国家来说，企业进行跨区域的流动十分常见，企业的区位选择被认为是两个阶段的决策过程：第一个阶段是选择一个地区或者城市，第二个阶段是选择区域或者城市中的具体位置（Billings & Johnson，2016），对于这两个阶段来说，第一个阶段企业选择的影响主要来自不同区域的集聚力与吸引力，而第二个阶段的研究却需要打开整个区域内产业空间分布的"黑箱"以探究区域同行业内部集聚与跨行业间的共聚模式。

　　本章试图解决两个方面的问题：一是如何科学准确地测度区域产业间的共聚关系，以及如何通过产业间共聚的方向性进一步刻画产业体系结构的问题；二是从产业共聚的角度出发，政府可以从哪些方面入手实施产业空间治理？针对上述问题的解答，本章的边际贡献主要来自三个方面：①在机器学习 Wasserstein 距离算法思想的基础上，利用企业地理微观数据，运用矩阵扩张 Sinkhorn 算法与熵正则化项约束法改进 Wasserstein 距离算法与求解方式，通过假设检验与蒙特卡洛模拟法获取反事实样本进而构建产业共聚指数，在城市群空间尺度下测度产业间的共聚水平。研究表明，该指数具备良好的统计特性和经济意义，该指数对进一步拓展产业经济学和区域经济学等相关学科的研究具有十分重要的意义。②基于改进算法的产业共聚测度指数进行城市群产业共聚水平总体分析、时间演化趋势和基于区域差异的比较分析，同时运用该指数的方向性进行城市群产业结构剖析和产业集群刻画。③针对不同城市群下的产业共聚影响因素进行了跨区域、跨产业的实证检验，特别是从方向性特征的角度验证了投入产出关联与技术关联对共聚指数的影响，同时，本章还弥补了关于跨区域产业共聚实证研究的不足，为促进城市群区域产业间协同发展、产业结构优化升级等产业空间治理政策的实施提供决策依据。

本书分别测度了中国 21 个城市群 2007 年与 2013 年的产业共聚指数，针对指数方向性验证了投入产出关联与技术关联对产业共聚发生概率的影响，兼顾讨论产业共聚跨城市群的影响因素，为城市群产业协同发展与区域政府间科学协同决策提供理论依据。

第二节 产业共聚指数测度方法与指数特性

空间经济学认为，企业在空间上的集聚是为了获取自然优势（第一性）与溢出效应（第二性），本书的测度也基于这一假设，即企业在空间上毗邻的目的是在自然优势与溢出效应的基础上获取最大化的收益。本书在借鉴 Billings 和 Johnson（2016）提出的 Wasserstein 距离产业共聚指数的基础上，运用矩阵扩张 Sinkhorn 算法与熵正则化项约束法改进其计算方法与求解方式，通过假设检验与蒙特卡洛模拟法获取反事实样本进而构建产业共聚指数。该产业共聚指数的构建分为产业间分布距离测算和依据统计假设计算反事实样本进而构建产业共聚指数两个步骤。

一、基于 Wasserstein 距离的产业分布距离测算

两个产业在空间上分布的共聚程度可以转化为另外一个数学问题：两个产业在空间上的分布相似性问题。Wasserstein 距离是度量两个概率分布之间的距离度量函数，在数学领域的概率论和数理统计中被广泛应用，近年来由于其优异的数学特性，在计算机领域得到了进一步拓展，被应用于人脸识别、图片分析等人工智能的机器学习训练领域。Wasserstein 距离又被称为最优传输距离（Optimal Transport Distance）或推土机距离（Earth Mover's Distance）。最优传输问题起源于一个简单的运筹学问题，分布在一个城市的不同位置的 n 个仓库要向 m 个超市运送产品，供需相等的情况下如何实现运输成本的最小化。推土机距离与之类似，两堆体积相同但形状不同的土，如何用最小的成本（土的体积乘以移动的距离）将其中一堆土改造成另外一堆土的形状。

Wasserstein 距离是在最优传输距离和推土机距离这两个具体问题的抽象，对于定义在 $\mathbb{R}^n$ 上的概率分布 $\mu(x)$ 和 $\nu(y)$，$\Gamma(\mu,\nu)$ 是 $\mathbb{R}^n \times \mathbb{R}^n$ 上的联合分布，并且同时满足 μ 和 ν 是该联合分布的边缘分布。对于 $\forall p \geqslant 1$，μ 和 ν 之间的 Wasserstein 距离可以被定义为：

$$W_p\big[\mu(x),\nu(y)\big] := \left(\inf_{\gamma(x,y)\in\Gamma(\mu,\nu)} \int_{\mathbb{R}^n\times\mathbb{R}^n} d(x,y)^p \gamma(x,y) dxdy \right)^{1/p} \quad (3-1)$$

在求解 Wasserstein 距离时，原始的计算方法是使用线性规划求解，求解的核心是找出联合分布 $\Gamma(\mu,\nu)$ 中的距离最小方案。对于两个连续分布，其 Wasserstein 距离采用随机抽取相同规模样本方式进行计算；而对于两个离散分布，则对分布采取归一化后再进行计算。但在实际计算过程中，两个分布的样本规模对计算复杂度的影响较大，采用线性规划求解的结果存在精度不高与计算复杂度过高的双重问题。为了在提高求解精度的情况下缩短求解的时间，Cuturi（2013）通过证明提出了矩阵扩张算法中的 Sinkhorn（1964）不动点迭代和增加熵正则化约束项改进求解方式，这一方法在 Carlsson 等（2018）的应用研究中得到了完善，并由 Luise 等（2018）进一步证明使用 Sinkhorn 算法后 Wasserstein 距离结果的稳健性。增加熵约束项后的 Wasserstein 距离为：

$$W_p\big[\mu(x),\nu(y)\big] := \left(\inf_{\gamma(x,y)\in\Gamma(\mu,\nu)} \int_{\mathbb{R}^n\times\mathbb{R}^n} d(x,y)^p \gamma(x,y) dxdy - \alpha\Omega(\gamma) \right)^{1/p} \quad (3-2)$$

其中 $\Omega(\gamma)$ 定义为联合分布 $\Gamma(\mu,\nu)$ 的熵约束：

$$\Omega(\gamma) = -\int_{\mathbb{R}^n\times\mathbb{R}^n} \gamma(x,y)\ln\gamma(x,y)dxdy \quad (3-3)$$

通过熵约束项 $\Omega(\gamma)$ 让式（3-2）为严格凸函数，因此式（3-2）必存在唯一的最优解进一步定义核密度（Kernel）函数：

$$\kappa(x,y) = e^{-td(x,y)^p} \quad (3-4)$$

对于所有 $t > 0$ 的情况下，式（3-4）是正定的，将式（3-4）代入式（3-2）中，可得：

$$W_p\big[\mu(x),\nu(y)\big]_\kappa := \left(\inf_{\gamma(x,y)\in\Gamma(\mu,\nu)} \int_{\mathbb{R}^n\times\mathbb{R}^n} \gamma(x,y)\big\{\alpha\ln[\gamma(x,y)] - \ln[\kappa(x,y)]/t\big\} dxdy \right)^{1/p} \quad (3-5)$$

式（3-5）即为基于 Sinkhorn 算法的熵正则化 Wasserstein 距离计算公式，在实际求解过程中一般令 $t = 1/\alpha$，在本书的计算中取 α 的经验值为 1。

具体来说，在研究产业空间共聚的问题上，在二维空间下，p 取值为 2，定义行业 j 和行业 k 在 $\mathbb{R}^2$ 上的概率分布分别为 f_j 和 f_k，则两个产业间的分布距离 $W_{j,k}$ 定义为：

$$W_{j,k} = \left[\inf_{\gamma \in \Gamma(f_j, f_k)} \int_{\mathbb{R}^2 \times \mathbb{R}^2} d(x,y)^2 \, d\gamma(x,y) \right]^{1/2} \tag{3-6}$$

在二维空间下，$W_{j,k}$ 的实际意义就是在空间上将产业 j 的空间分布改造为产业 k 的空间分布的最小成本。为了更直观地理解 $W_{j,k}$ 的实际含义，本书在长三角城市群的区域范围内构造了四个三位数产业的空间分布密度图（见图 3-2），可以看出不同的产业在同一空间下的分布特征是不同的，这就如同人脸识别过程中的脸部立体差别，通过 Wasserstein 距离可以衡量出这种分布的差异性。由于两个产业 j 和 k 的规模往往是不同的，在进行 Wasserstein 距离计算时，参照 Billings 和 Johnson（2016）的处理方式，需要将两个产业的分布分别归一化为 $1/N_j$ 和 $1/N_k$，N 代表了各个产业内的企业数量。两个产业进行 Wasserstein 距离计算时，将两个产业空间分布归一化（可以理解为变成体积相同的两堆土），图 3-1 中产业 171 与产业 176 之间的 Wasserstein 距离可以直观地理解为将图 3-1（a）中的 171 行业空间分布转换为图 3-1（b）中的 176 产业的空间分布的最小成本（土的体积乘以距离）。

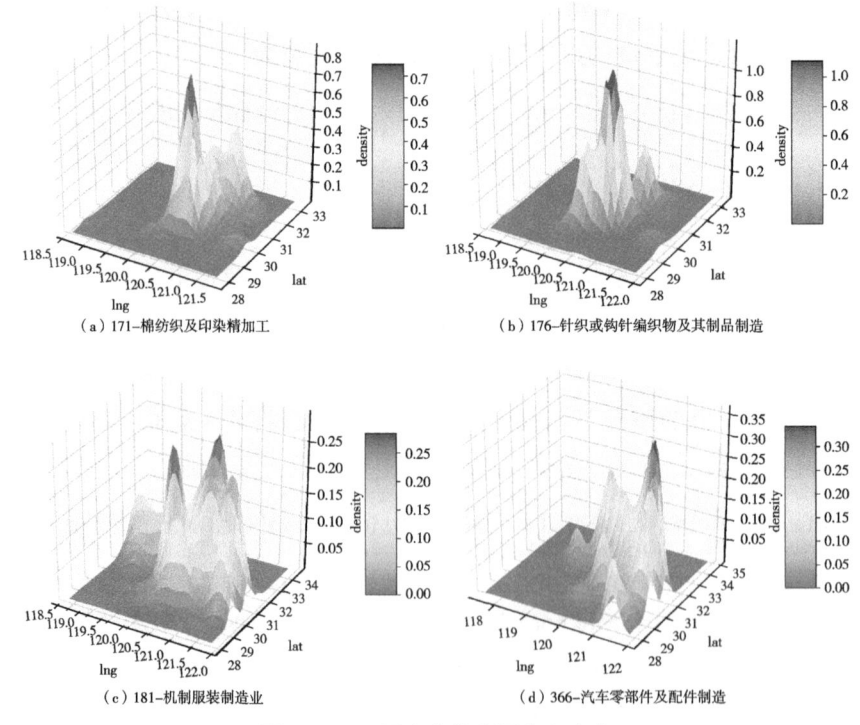

（a）171-棉纺织及印染精加工　　　　　（b）176-针织或钩针编织物及其制品制造

（c）181-机制服装制造业　　　　　　　（d）366-汽车零部件及配件制造

图 3-1　不同产业的空间分布密度

资料来源：笔者绘制。

二、依据统计意义的反事实样本集构建产业共聚指数

为了判断两个产业在空间上是否存在经济意义上的共聚，需要进一步通过反事实样本构建产业 j 与产业 k 之间的共聚指数。这里提出构建产业共聚指数的原假设 H_0：在基于产业 j 空间分布既定的情况下，产业 j 和产业 k 之间不存在空间分布相似性。

基于这一假设进行原假设条件集合的构建，采用蒙特卡洛模拟方法，即在 $\mathbb{R}^2$ 上随机选取对于产业 j 而言的模拟产业区位集 $\hat{k}$，与 Duranton 和 Overman（2005）、Billings 和 Johnson（2016）构建反事实样本的要求类似，产业区位集 $\hat{k}$ 必须满足两个条件，第一个条件是产业 $\hat{k}$ 的企业数量与产业 k 的数量应当相同；第二个条件是选取随机产业区位集策略是从空间上所有已知的企业所在点的集合中进行抽取，这一策略的主要理由是为了进一步控制随机选取的产业集区位点受到不可开发土地以及其他不可观测到的因素的影响，因此产业随机模拟组 $\hat{k}$ 将通过从空间内所有产业的企业地点信息中抽取 N_k 个区位点产生。但是需要指出的是，将产业 j 与模拟产业 $\hat{k}$ 的 Wasserstein 距离记为 $W_{j,\hat{k}}$，这一随机抽取过程将重复 1000 次，进而得到 1000 个模拟产业对距离 $W_{j,\hat{k}}$，对于产业 j 来说，其选址与随机生成的模拟产业区位集 $\hat{k}$ 应是无关的，因此模拟 1000 次计算的 $W_{j,\hat{k}}$ 距离在统计意义构成了原假设条件集。将产业 j 与实际产业 k 的 Wasserstein 的距离 $W_{j,k}$ 与这 1000 次反事实结果进行比较，将 $W_{j,k}$ 小于 $W_{j,\hat{k}}$ 的次数记为 n，进而定义产业共聚指数 $Coagg_{j,k}=n/1000$，例如，如果在 1000 次模拟中，有 950 次 $W_{j,k}$ 小于 $W_{j,\hat{k}}$，那么可以理解为，在 95% 的置信度下可以拒绝原假设，接受备择假设 H_1：在基于产业 j 空间分布既定的情况下，产业 j 和产业 k 之间存在显著的空间分布相似性，这种空间相似性是由产业 j 向产业 k 的方向共聚产生的。而此时共聚指数 $Coagg_{j,k}$ 被定义为 0.95，即蒙特卡洛模拟时违背原假设的发生频率，通过该频率来近似代表产业 j 向产业 k 的方向共聚发生的可能概率[1]。

对于产业 j 和产业 k 这一对产业来说，$W_{j,k}$ 和 $W_{k,j}$ 是相等的，$Coagg_{j,k}$ 与 $Coagg_{k,j}$ 却是不同的，前者的随机产业集是以产业 k 的规模 N_k 为基准的，而后者的随机产业集的规模基准是 j 行业的企业个数 N_j。因此，在进行某一空间下 N 个

---

① 本书的共聚指数是发生违背原假设这一事件的频率，换言之，是指两个产业单向共聚发生的近似概率，作为一个无量纲量，对于空间尺度的选择理论上不存在限制。

产业间的两两产业共聚指数计算时，需要计算 $N \times (N-1)$ 个结果，每对产业会有两个共聚指数，每个产业共聚方向上都会赋予一个 p 值。

考虑到产业共聚指数的方向性，为了方便表示，本书进一步基于 95% 的置信度构建产业共聚显著指数。其表达式如下所示：

$$\phi_{j \to k} = \begin{cases} 1, & Coagg_{j,k} \geqslant 0.95 \\ 0, & Coagg_{j,k} < 0.95 \end{cases} \qquad \phi_{k \to j} = \begin{cases} 1, & Coagg_{k,j} \geqslant 0.95 \\ 0, & Coagg_{k,j} < 0.95 \end{cases} \qquad （3-7）$$

其中，产业空间方向性关联指数 $\phi_{j \to k}$ 表示产业 j 是否空间依赖产业 k；而 $\phi_{j \to k}$ 表示产业 k 是否空间依赖产业 j；而 $\phi_{j \leftrightarrow k} = 1$ 表示产业 j 和产业 k 双向空间共聚。

三、指数特性

从产业共聚指数的构造过程可以看出，$Coagg_{j,k}$ 指数是介于 0~1 的无量纲变量，其经济意义为产业 j 向产业 k 的空间共聚程度或概率。与 DO 指数一样，产业共聚指数 $Coagg_{j,k}$ 克服了 MAUP 问题，具有跨行业可比较、控制工业活动总集聚程度和按行业类别可分类的理想性质。此外，本书构建的产业共聚指数还有以下两个特性：

1. 客观性与统计意义

相较于 DO 指数而言，$Coagg_{j,k}$ 指数基于离散点的分布而非基于点的距离，因而避免使用可能带来主观性的距离标准。在 Ellison 等（2010）使用基于 DO 指数思想的共聚指数研究美国的产业共聚问题时，以 250 英里为距离标准时，产业共聚的比例为 87%，而在以 1000 英里为距离标准时，产业共聚的比例达到了 99%。显然，基于不同距离范围的产业共聚的测度存在较大差异，这是由于人为设定的距离准则带来的误差。$Coagg_{j,k}$ 指数可以有效避免这一问题，因为该指数是直接基于企业的空间位置进行测算的，不需要进行企业间距离的计算，通过测量产业对之间的空间相似性与随机定位行业的偏离程度来测量产业共聚程度。正因为去除了距离准则的约束，使 $Coagg_{j,k}$ 指数更具有统计意义上的准确性，空间共聚指数 $Coagg_{j,k}$ 是通过拒绝"在基于产业 j 空间分布既定的情况下，产业 j 和产业 k 之间不存在空间分布相似性"的零假设的概率来衡量产业共聚的。基于 p 值的指数自身具备允许进行显著性统计检验的能力，而不需要类似 DO 指数那样人为设置置信区间以生成产业共聚指数，这也是 $Coagg_{j,k}$ 指数客观性的一大体现。

2. 矢量性

正如上文所提到的，$Coagg_{j,k}$ 与 $Coagg_{k,j}$ 是不同的，产业共聚指数的矢量性这一特殊的性质在经济学中是非常罕见的，但是在衡量产业空间分布时却蕴含丰富的经济含义。为了更好地理解该指数的这一特性，本书以 2013 年长三角城市群的机织服装制造业（181）为例加以说明。从表 3-1 中可以看到，机织服装制造业（181）与棉纺织及印染精加工业（171）在长三角地区是双向共聚的，即两个产业在空间上表征出了某种"互利共生"的结构关系，在这一地区这两个产业的相互依存度很高，这从产业的分工上也可以解释，棉纺织与印染精加工与机织服装业是在产业上是互补合作的关系。而机织服装制造业（181）与针织或钩针编织物及其制品制造（176）、纤维素纤维原料及纤维制造（281）产业间却表现出了单向共聚的特征，即钩针编织物及其制品制造（176）、纤维素纤维原料及纤维制造（281）在空间上向机织服装制造业（181）共聚统计意义上是显著的，换言之，这两个产业的企业在选址时会将与机织服装制造业的距离作为考虑因素，而反过来机织服装制造业的企业选址时却不会考虑与上述两个行业中企业的远近，因此可以认为这是一种"偏利共生"的产业共聚。对这一现象可以简单地理解为三个行业间的产业上下游关系，作为体量较大的机织服装制造业来说，其业务范围更广，考虑的选址因素往往与产业链前端的供应商无关，但是作为原材料供应商的上游企业来说，其单一的业务对象使其必须更靠近下游产业内的企业[①]。而作为两个毫不相关的产业，机织服装制造业（181）与汽车零部件及配件制造业（366），虽然两者的企业数量众多，产业体量相当，但是在空间上却不存在任何共聚倾向。

表 3-1　2013 年长三角城市群代表性三位数产业共聚指数测度结果

序号	j 行业代码	k 行业代码	$Coagg_{j,k}$	$W_{j,k}$	j 行业企业数量	k 行业企业数量
1	181	171	1	1.07	2490	3440
2	171	181	1	1.07	3440	2490
3	181	176	0.016	1.23	2490	1120
4	176	181	1	1.23	1120	2490
5	181	281	0.332	1.21	2490	121

---

① 当然这一现象背后也可能有非常深层次的经济解释，这也说明产业共聚指数在未来产业经济与区域经济研究中具有广阔的探讨空间。

续表

序号	j 行业代码	k 行业代码	$Coagg_{j,k}$	$W_{j,k}$	j 行业企业数量	k 行业企业数量
6	281	181	1	1.21	121	2490
7	181	366	0	1.26	2490	2600
8	366	181	0	1.26	2600	2490

注：171- 棉纺织及印染精加工；176- 针织或钩针编织物及其制品制造；181- 机织服装制造；281- 纤维素纤维原料及纤维制造；366- 汽车零部件及配件制造。

资料来源：笔者整理。

此外，该指数还具备计算流程简洁与空间尺度选择弹性大的优点。以 DO 指数为例，该指数是基于距离的密度分布构建的共聚指标，因此需要计算产业分布离散点的距离，特别是在确定全域置信区间时需要在每个距离点上进行置信度检验，这使计算复杂度极高。而 $Coagg_{j,k}$ 指数是将两个产业的离散分布进行计算，因此不存在每个距离位置点置信度的计算，相较于 DO 指数多步骤的复杂构建过程来说，$Coagg_{j,k}$ 指数具有非常简洁而优雅的数学表达形式。同时，$Coagg_{j,k}$ 指数还具备空间尺度选择弹性大的优势，由于指数基于产业地理位置空间分布距离进行计算，因此可以在任意空间尺度上进行计算，甚至可以在地图上任意划定一个地理范围进行计算，这一优势是 EG 指数和 DO 指数等测度方法无法比拟的。

第三节　基于产业共聚指数的城市群产业结构刻画

本书应用基于机器学习 Wasserstein 距离算法的产业共聚测度方法，在城市群空间尺度上对产业共聚的总体水平、产业共聚的城市群差异和产业共聚的行业差异进行分析与比较；利用产业共聚的方向特性比较不同城市群结构性支柱产业，从产业间互动关系的网络结构上准确刻画城市群产业结构的总体特征与局部细节，为城市群产业体系的构建与转型升级提供了借鉴与决策依据。

一、数据来源

计算产业共聚指数的数据基础是微观企业层面的空间地理信息，这是产业在空间上的最小组成单元。本书使用的数据来自 2007 年与 2013 年中国工业企业数据库，该数据库样本范围为全部国有工业企业以及规模较大的非国有工业企业。[①] 利用企业的基本信息从百度 API 平台中进行经纬度解码，在这一过程中，本书的匹配策略是按照"企业名称—企业详细地址—企业所在县政府所在地"的顺序进行匹配的，即优先通过企业名称进行匹配，如果无法查询，那么将企业的详细地址进行匹配；如果最后两者都无法匹配，那么用企业所在县政府所在地经纬度进行替代。[②] 在将企业进行城市群分类的过程中，参照学者对工业企业数据库的做法，剔除了总资产、工业总产值和固定资产净值缺失、0 值和负值的样本以及剔除不符合会计准则的样本（Brandt et al.，2012；聂辉华等，2012；陈林，2018）。

中国城市群个数和具体划分范围在学术界尚未形成共识，省级以上政府开展过规划或研究的城市群为 23 个，《国家新型城镇化规划（2014–2020）》提出了"5+9+6"的 20 个城市群的空间布局，而"十三五"规划纲要中提出了 19 个城市群方案。目前中国的城市群方案由各个城市群所在区域的城市综合讨论提出各自的城市群发展规划，交由国务院批复后正式实施，该方案与具体入选城市名单尚未完全出炉，而且着眼于未来 10 年的发展。在综合考虑企业微观数据的观测年份、数据的可得性与测度的经济学意义的基础上，本书在《国家新型城镇化规划（2014–2020）》的 20 个城市群的方案基础上，结合以前学者对城市群处理方法的经验（赵勇和白永秀，2012；黄金川和陈守强，2015；原倩，2016；赵娜等，2017；梁红艳，2018），剔除了天山北坡城市群，将长江中游城市群仍分别视为武汉城市群、长株潭城市群与环鄱阳湖城市群，最终确定 21 个城市群为研究对象（具体城市群划分见附录二）。

二、测算结果与分析

1. 中国城市群产业共聚总体水平分析

本书使用 2013 年数据共测度了 21 个城市群空间范围内 3385 个三位数产业

[①]　2013 年中国工业企业数据库规模以上的标准改变带来的样本代表性问题，与 2007 年测度的结果对比来看，两年的共聚水平结果基本一致且稳定。

[②]　工业企业数据库的企业详细地址存在登记错误较多的问题，因此本书优先使用企业名称进行匹配，从 2013 年的结果来看，344875 家企业中有 5768 家企业最终使用所在县政府经纬度进行了替代，占总数的 1.8%，匹配误差在可控的范围内。

间的空间共聚关系[①]。本书将不同二位数行业内的三位数产业间共聚定义为跨二位数产业共聚，将同二位数产业下的三位数产业间的共聚定义为同二位数产业共聚。2013 年一共测度了 277846 对三位数产业间的共聚指数（见附录三），其中包含 269846 对跨二位数产业对与 8000 对同二位数产业对。正如上文提到的，基于 Wasserstein 方法计算的产业共聚指数存在方向性，因此实际计算的产业共聚指数共有 555692 个结果，其中最小值为 0，出现频数为 15869（2.86%），最大值为 1，出现频数为 13066（2.35%），在统计意义上显著共聚（$Coagg_{j,k} \geq 0.95$）的产业共聚指数共 60474 个（10.88%），其中有 10763 对产业双向共聚，占全部显著共聚指数的比例为 35.60%。跨二位数产业共聚的 539692 个结果中，在统计意义上显著共聚的有 57670 个（10.69%），其中有 10069 对产业双向共聚，占全部显著共聚指数的比例为 34.92%。同二位数产业共聚的 16000 个结果中，在统计意义上显著共聚的有 2804 个（17.53%），其中有 694 对产业双向共聚，占全部显著共聚指数的比例为 49.50%。基于以上数据，总体上可以判断中国城市群层面同二位数产业共聚水平是显著高于全部产业共聚水平与跨二位数产业共聚水平的。

为了观察产业空间共聚随时间演变的趋势，本书使用 2007 年的数据测度 21 个城市群的 3399 个三位数产业间空间共聚关系（详见附录四）。共测度 280407 对三位数产业间的共聚指数，包含 272264 对跨二位数产业对与 8143 对同二位数产业对。在全部的 560814 个结果中，最小值 0 的频数为 21537 个（3.84%），最大值 1 的频数是 16179（2.88%），统计意义上显著共聚个数为 66122 个（12.10%），其中双向共聚个数为 25442 个（38.38%）。跨二位数产业共聚的 544528 个结果中，在统计意义上显著共聚的有 63190 个（11.60%），其中有 11978 对产业双向共聚，占全部显著共聚指数的比例为 37.91%。同二位数产业共聚的 16286 个结果中，在统计意义上显著共聚的有 2932 个（18.00%），其中有 743 对产业双向共聚，占全部显著共聚指数的比例为 50.68%。

为了更直观地展现全部测度结果的分布，本书通过核密度函数分别构建了 2013 年与 2007 年全部产业共聚指数、同二位数产业共聚指数和跨二位数产业共聚结果的密度分布图（见图 3-2），该密度分布图横坐标越接近于 1 表明产业间在空间上是趋于共聚的，越接近 0 表明产业对在空间是趋于非共聚的（或者说是分散的）。测度结果的总体分布上，2013 年与 2007 年两年的产业共聚指数 $Coagg_{j,k}$ 在 0~0.1 和 0.9~1 附近的分布密度较为集中，并且产业空间分散趋势强于

---

① 由于统计的全面性差异及城市群产业分布的差异，不同的城市群的三位数产业数量并不一致。

产业空间集聚趋势，这是符合常理的，大部分的产业之间是没有空间关联度的，社会经济的分工细化使总体细分产业在空间上是趋于分散，但是在局部的细分产业上合作共生的现象也是一个趋势，因而在整体上呈现出"左高右低"的马鞍型分布。这种效应尤其在跨二位数产业共聚指数结果中得到体现，其密度分布与总体产业的密度分布几乎是一致的，但还是存在微小差别，主要体现在更强的分散效应和更弱的共聚效应，这一效应表明中国城市群下的跨产业的空间共聚效应偏弱。相比之下，同二位数产业内的产业共聚效应明显强于总体与跨二位数产业的共聚效应，三位数行业间的分散效应远远小于其共聚效应，密度分布呈现出"左低右高"的马鞍型分布，这说明，中国城市群下的同二位数产业内的细分行业合作是普遍的，且呈现出非常明显的聚集趋势。从时间演变上来看，2007~2013 年中国城市群层面下的产业空间共聚水平总体呈下降态势，在显著共聚和双向共聚的数量与比例上均表现出明显的减少。从密度分布图上来看，2013 年比 2007 年产业间共聚水平的两极分化态势加强，全部产业间和跨二位数行业间的共聚指数在 0~0.1 附近与 0.9~1 附近的密度变大，中部密度降低，这一两极分化趋势在同二位数行业间表现得尤为明显。

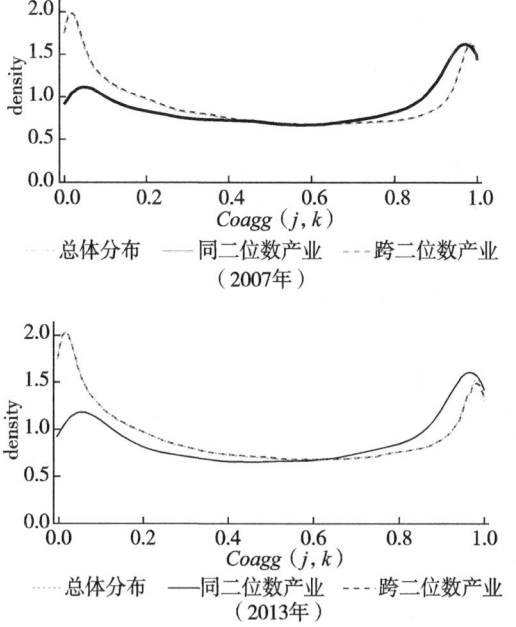

图 3-2　2007 年与 2013 年中国城市群产业共聚指数密度分布

资料来源：笔者绘制。

从产业空间共聚密度分布与演变趋势来看，针对城市群产业空间有效合理共聚的产业政策仍有较大的施展空间。主要体现在以下三个方面：①城市群跨二位数产业显著共聚的数量较多，这说明应当破除传统二位数产业行业划分而产生的隐形壁垒，产业政策导向应当打破传统产业分类的思维定式，从整体以及结构的角度把握产业间联系的客观规律，在城市群产业链、产业集群共同体的规划、升级及高质量发展过程中，应当将跨二位数行业的产业关联一并纳入考量；②城市群同二位数产业间的共聚虽然呈现出微弱的下降态势，但是显著共聚维持在一定的比例，这说明过去一段时间的产业政策总体导向是正确的，在同二位数产业内部应当进一步优化其产业分类和产业结构，促进同二位数产业内部进一步扩大规模与创新升级；③产业共聚指数密度分布介于 0.5~0.95 这部分的产业仍占有相当的比例，并且从密度分布上随着时间推移呈现出的两极分化的态势，这部分产业间存在空间共聚的趋势，但是仍未显现出明显的产业共聚迹象，城市群决策群体应当通过营造良好的合作环境以及积极的产业政策引导使相应产业在城市群内部流动以进一步促进产业间空间有效合理分布，降低交易成本，实现规模经济与协同创新以达到产业协同合作的效益最大化。

2. 城市群产业共聚水平区域差异分析

通过对不同城市群的空间共聚指数的测度，可以进一步发掘中国产业空间分布的区域差异。本书对 2007 年与 2013 年 21 个城市群的产业共聚测度从全部产业、跨二位数产业和同二位数产业三个角度进行汇总（见表 3-2）。[①]总体来看，2013 年城市群总体共聚指数均值与产业显著共聚数量均低于 2007 年。其中，指数均值降低的城市群有京津冀城市群、辽中南城市群、长江三角洲城市群、长株潭城市群、黔中城市群、滇中城市群、关中—天水城市群与宁夏沿黄城市群；产业显著共聚数量降低最多的城市群是长江三角洲城市群。黔中城市群和关中—天水城市群的时间演变态势非常特殊，其总体指数均值下降，产业共聚显著数量却在增多，这表明该空间内部产业共聚两极分化趋势极为明显，即总体共聚态势减弱的同时局部产业共聚趋势加强。与之相对应的成渝城市群却呈现相反的演化趋势，其空间内部产业共聚总体态势增强的同时局部产业共聚趋势正在减弱。

2013 年与 2007 年各个城市群的共聚指数均值最大的城市群均为晋中城市群，这表明该区域内产业在空间上呈现总体共聚的趋势，共聚指数均值最小的也

---

① 跨产业与同产业内的共聚详细数据见附录三至七。

均是长江三角洲城市群，这表明该区域内产业在空间上呈现总体分散的趋势。两年各城市群共聚指数方差稳定，介于 0.3~0.4。从共聚指数显著数量和占比上来看，2013 年，产业共聚指数显著数量最多的为长三角城市群 4562 个（13.12%），显著数量占比最大的是晋中城市群 3501 个（25.80%），而兰西城市群 1005 个（6.48%）产业共聚显著指数不管从数量和占比上都是最少。2007 年，产业共聚指数显著数量最多的也是长三角城市群 5847 个（16.99%），产业显著共聚数量占比最大的也是晋中城市群 4750 个（30.65%）。有所区别的是，2007 年产业共聚显著指数数量最少的是宁夏沿黄城市群，产业显著共聚占比最低的是关中—天水城市群。在这些显著的产业共聚数量中，双向共聚也是一个值得关注的重要特征，这表明了产业空间共聚的共生关系。2013 年，产业双向显著共聚数量最多的是京津冀城市群，数量最少的是兰西城市群；双向共聚指数数量占产业共聚指数显著数量的比例最高的是黔中城市群（46.09%），占比最低的是珠江三角洲城市群（27.49%）。

值得注意的是，从总体的产业共聚指数的统计指标上来看，产业共聚指数显著数量最多的长三角城市群共聚指数均值却为最小，并且随着时间的推移这一趋势正在进一步加强。这表明该城市群区域内的产业分工进一步细化，产业在空间上总体趋于分散的同时局部产业共聚合作密切，这刻画了当前中国区域产业总体协作水平较低、局部精细化合作水平较高的产业结构特征。针对这一现象，各个城市群应当结合自身产业结构的特点与优势，在保持局部细分产业合作水平继续提高的同时，进一步扩大跨二位数产业间的协同合作。从 2007 年与 2013 年的对比结果来看，江淮城市群、环鄱阳湖城市群与北部湾城市群正在向这一趋势发展。

表 3-2　2007 年和 2013 年中国城市群三位数产业总体共聚水平汇总

序号	城市群名称	2007 年					2013 年				
		共聚指数均值	共聚指数显著数量	占比（%）	其中		共聚指数均值	共聚指数显著数量	占比（%）	其中	
					双向显著数量	占显著产业对比例（%）				双向显著数量	占显著产业对比例（%）
1	京津冀城市群	0.426	4546	13.35	2094	46.06	0.436	4438	12.90	1834	41.32
2	辽中南城市群	0.425	3598	10.46	1234	34.30	0.426	3426	10.40	1110	32.40
3	山东半岛城市群	0.397	3799	10.92	1382	36.38	0.389	3374	10.02	1128	33.43

续表

序号	城市群名称	2007 年					2013 年				
		共聚指数均值	共聚指数显著数量	占比（%）	其中		共聚指数均值	共聚指数显著数量	占比（%）	其中	
					双向显著数量	占显著产业对比例（%）				双向显著数量	占显著产业对比例（%）
4	长江三角洲城市群	0.340	5847	16.99	2128	36.39	0.380	4562	13.12	1398	30.64
5	珠江三角洲城市群	0.445	2740	8.50	734	26.79	0.438	2634	8.08	724	27.49
6	晋中城市群	0.678	4750	30.65	2640	55.58	0.669	3501	25.80	1536	43.87
7	呼包鄂榆城市群	0.500	1809	11.67	770	42.56	0.492	1802	9.81	670	37.18
8	哈长城市群	0.469	2458	8.46	1044	42.47	0.459	2306	8.22	844	36.60
9	江淮城市群	0.467	3068	10.08	1196	38.98	0.461	3166	10.52	1064	33.61
10	海峡西岸城市群	0.436	4731	14.36	2104	44.47	0.417	3755	12.47	1516	40.37
11	环鄱阳湖城市群	0.470	2371	8.06	784	33.07	0.465	2649	9.44	964	36.39
12	中原城市群	0.448	2628	8.53	834	31.74	0.437	2196	7.21	642	29.23
13	长江中游城市群	0.508	3638	11.04	1230	33.81	0.480	3035	9.42	922	30.38
14	长株潭城市群	0.469	4192	13.31	1442	34.40	0.480	4061	12.60	1434	35.31
15	北部湾城市群	0.488	2055	10.26	720	35.04	0.478	2100	10.34	838	39.90
16	成渝城市群	0.475	4537	13.47	1720	37.91	0.422	3856	11.09	1322	34.28
17	黔中城市群	0.532	2307	13.14	938	40.66	0.584	3137	16.59	1446	46.09
18	滇中城市群	0.558	2832	15.42	1014	35.81	0.577	2310	13.16	778	33.68
19	关中—天水城市群	0.461	1876	7.10	552	29.42	0.482	2118	8.02	620	29.27
20	兰西城市群	0.516	1225	7.42	376	30.69	0.510	1005	6.48	314	31.24
21	宁夏沿黄城市群	0.538	1115	10.82	506	45.38	0.517	1043	9.74	422	40.46
合计		0.464	66122	12.10	25442	38.48	0.468	60474	10.88	21526	35.60

资料来源：笔者整理。

将 2013 年中国城市群三位数行业总体的空间共聚指数结果进一步分解为城市群跨二位数行业共聚与同二位数行业共聚。可以发现，2013 年各个城市群的跨二位数行业共聚测度结果与总体的测度结果相比，均值与共聚指数的显著数量都有明显下降，这一特征在各个城市群的表现趋势一致，只是程度有所不同，而这一部分的下降的原因是各个城市群内同二位数产业内的空间共聚水平都保持较高的水平。

从同二位数行业共聚的指数测度结果中可以发现，各个城市群同二位数产业共聚指数均值最大值为 0.708（晋中城市群），共聚指数均值最小值为 0.477（中原城市群）。从共聚指数显著数量和占比上来看，同二位数产业共聚指数显著数量最多的为长三角城市群 247 个（25.41%），数量最少的是宁夏沿黄城市群的 47 个（11.99%）；显著数量占比最高的是晋中城市群 159 个（32.45%），占比最低的是兰西城市群 49 个（9.76%）。但是从双向共聚产业对占总体显著产业对的比重来看，除京津冀城市群与宁夏沿黄城市群的占比较高外，其他的城市群的同二位数产业双向共聚产业对均较少，而在珠江三角洲城市群全部 2634 个显著共聚结果中，只有 724 个为双向共聚产业，这说明珠三角的产业体系中存在若干非常强势的支柱产业（如计算机制造业），使其他产业都产生向其单向共聚的趋势。这对珠三角城市群的产业政策制定者来说应当予以重视，特别是近几年珠三角地区实施"腾笼换鸟"的产业升级政策过程中应当结合产业结构中的支柱产业进行有效决策、精准决策和科学决策。

为了更直观地展现不同城市群在总体产业共聚指数分布与同产业共聚分布之间的差异性，本书绘制了 2013 年不同城市群产业共聚指数的核密度分布函数（见图 3-3）。为了更好地展示结果，依据总体产业共聚指数的核密度分布表现特征将 21 个城市群归为三类：第一类"左高右低"马鞍型分布（见图 3-3（a）），这表明产业间的空间分散趋势大于共聚趋势，这一类的城市群有京津冀城市群、辽中南城市群、山东半岛城市群、长江三角洲城市群、珠江三角洲城市群、海峡西岸城市群、环鄱阳湖城市群、中原城市群和成渝城市群；第二类为"左右持平"平稳型分布（见图 3-3（b）），这表明在这些区域内产业间的空间分散与共聚趋势相当，这一类的城市群有呼包鄂榆城市群、哈长城市群、江淮城市群、长江中游城市群、长株潭城市群、北部湾城市群、关中—天水城市群和兰西城市群；第三类为"左低右高"马鞍型分布（见图 3-3（c）），这类特殊的城市群分别是晋中城市群、黔中城市群、滇中城市群和宁夏沿黄城市群，在这个四个城市群中出现了显著的产业空间共聚趋势大于空间分散趋势的情况，尤以晋中城市群为甚。通过产业分布特征的分类可以得出这样一个结论：经济总体水平较高，产业体系较为完备的城市群的产业分散趋势是更强的，而经济相对落后，城市群发展起步较晚的地区的产业共聚的趋势更强，这一现象背后可能包含着区域规模经济集聚力与竞争效应分散力多重作用的结果，类似于一些学者发现的中国产业集聚在 2004 年前后呈现"先集聚后分散"的特征（文东伟和冼国明，2014），产业共聚可能也存在着"先共聚后分散"的周期特征。本书同时还绘制了21个城市群同二位数产业内共聚的核密度分布图（见图3-3（d））[1]，从图中可以发现21个城市群的同二位数产业间与跨二位数产业间表现出的总体趋势存在非常明显的差异，同二位数产业内的各个细分产业间在各个城市群均表现出明显的共聚效应强于分散效应的趋势。以上的结果进一步说明中国当前产业结构区域多样性与差异性的事实，不同城市群的产业分工受到自然禀赋、要素与消费市场等多方面的影响，城市群建设者在产业空间布局上应当因地制宜；区域的产业结构受到产业分工、历史政策等多方面影响，因而产业结构调整与升级上应当精准发力、"对症下药"。

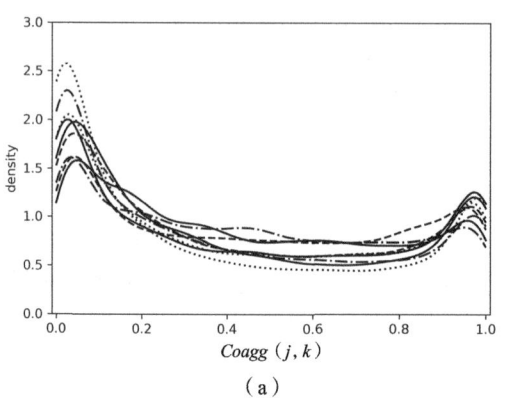

（a）

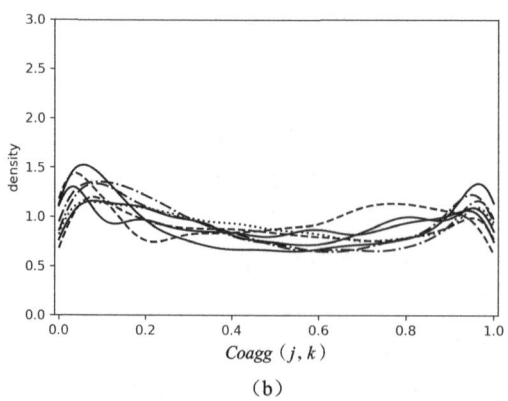

（b）

图3-3　2013年分城市群产业总体共聚指数密度分布

① 各个城市群密度分布图见附录一。

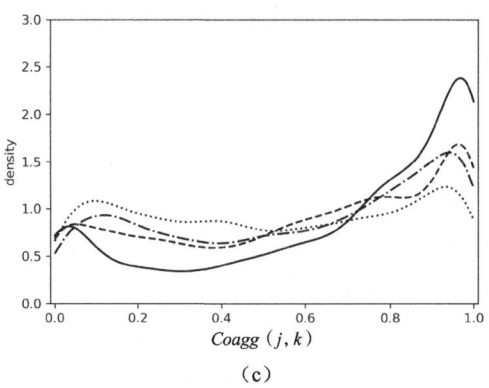

（c）

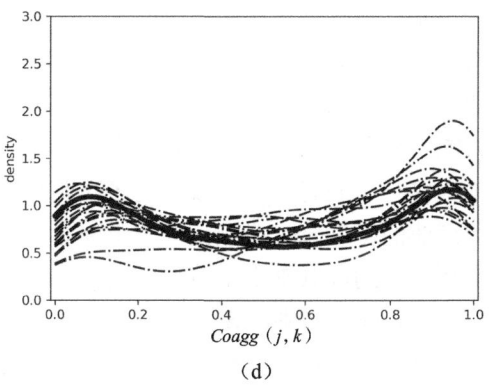

（d）

图 3-3 2013 年分城市群产业总体共聚指数密度分布（续）

资料来源：笔者绘制。

3. 城市群二位数产业内部共聚水平差异分析

不同产业内部的共聚联系程度在城市群之间也表现出了非常明显的差异，这里通过计算二位数产业内三位数产业间共聚指数 $Coagg_{j,k}$ 的均值对不同城市群内的同一二位数产业进行了横向比较（具体结果见附录五），由于产业数量较多，本书着重讨论纺织业、食品制造业、医药制造业与汽车制造业这四个行业的城市群差异（见图 3-4）。从行业的总体差异上来看，属于劳动力密集型产业的纺织业和食品制造业的内部共聚水平明显高于属于技术密集型产业的医药制造业和汽车制造业，这与中国劳动力密集型产业体系的完备是分不开的，经过 40 多年的发展，纺织业与食品制造业的产业链与产业生态已经趋于成熟，产业在各个城市群的布局已经完成且形成了相对稳定的产业生态，同时由于技术门槛较低，对劳动技能的要求不高，使对劳动力市场的需求趋于一致，进而更有可能在地理空间上趋近，产业内部共聚水平较高是合理的；相较之下，中国的技术密集型产业起步晚，高技术产业发展较为混乱，其中的典型是医药行业"小、散、乱"的发展特征，造成产业生态不稳定，同时由于对高素质技术人才的需求较高，使产业内部的分化较为明显，例如，医药制造业内的化学原料药、中成药与医疗器械产业之间行业壁垒明显，人才需求差异较大，难以形成统一的劳动力需求市场，加之产业的布局受资本的影响，地方政府竞争性的工业园区的招商引资使高技术产业在空间上趋于分散。结合城市群的差异分析发现劳动力密集型产业的内部共聚程度与地区经济水平不太相关，相反技术密集型产业却在一些经济欠发达地区产生了高度的内部共聚，这可以理解为经济欠发达地区在发展技术密集型产业时采用的"集中力量办大事"策略，在区域的局部构建技术密集型产业的共聚环境，从而在这些地区的技术密集型产业表现为空间趋于共聚。这一结果表明，不同产业间的创新水平、要素市场供给和政策导向差异化使产业间共聚演化水平差异较为明显，劳动密集型产业共聚水平高于技术密集型产业共聚水平。当然，技术密集型产业的相互共聚是否能够显著提高产业的创新能力与生产效率不得而知，但是从马歇尔外部性的理论借鉴与"硅谷"这种成功的多产业共聚实践结果来看，技术密集型产业间加强跨产业的协同合作应当是利大于弊的。从中国一些经济相对落后城市群的技术密集型产业的高共聚水平也可以发现，产业政策对技术密集型产业具有显著引导作用，不过这种产业共聚是否发挥出真正的正外部效应仍需进一步检验。总的来说，结合产业特性，特别是技术水平差异对不同产业进行差异化政策引导仍是未来一段时间城市群规划中需要重点思考的问题。

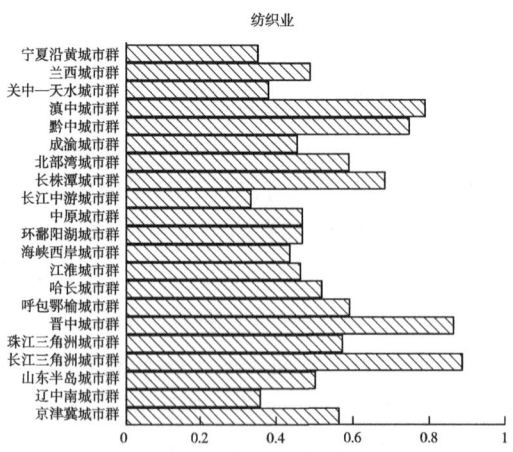

图 3-4 2013 年城市群部分二位数产业内部共聚水平比较

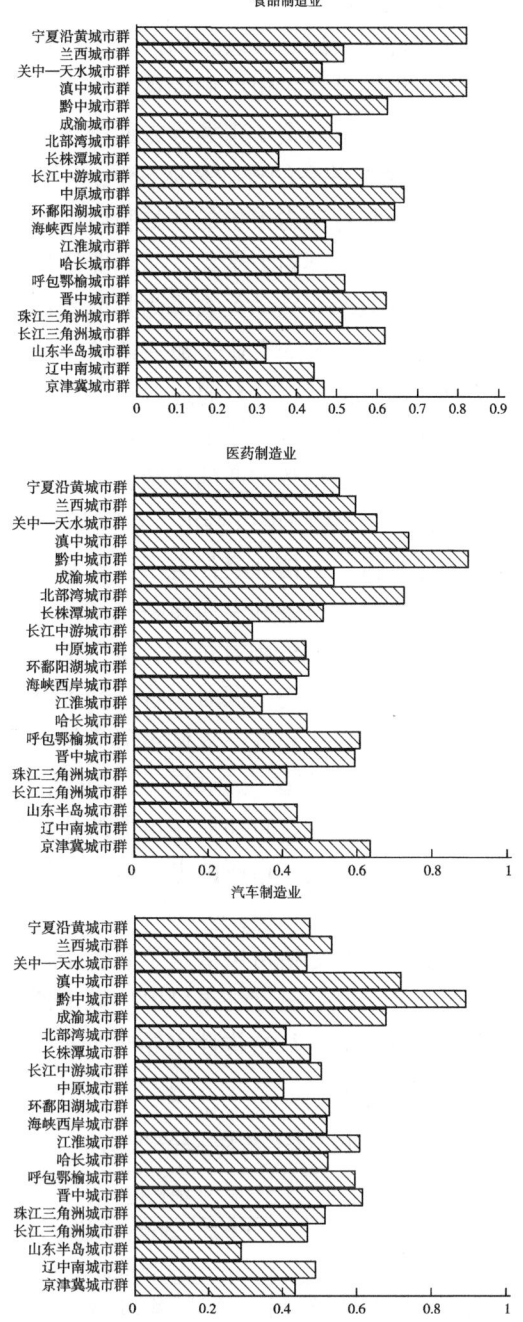

图3-4　2013年城市群部分二位数产业内部共聚水平比较（续）

资料来源：笔者绘制。

4. 城市群产业结构差异分析

运用产业共聚的矢量性特征为研究区域结构性主导产业提供了新思路与新方法。这里的结构性主导产业指的是在一定区域内被其他产业共聚最多的产业，这类产业无论从地理位置、劳动力池与资本市场等方面都占据优势，这种优势一方面会使一些有业务关系或者生产关系的产业依附于该产业，在空间上向其聚集；另一方面由于产生的资本市场与劳动力市场的"虹吸效应"使一些与其有相似资本、劳动力与创新需求的产业也在其附近聚集。从产业结构的角度来看，这样的产业是处于居中地位的，与其他产业互动关系最为频繁的产业，可谓牵一发而动全身，从区域政策制定的角度来说这些产业是最值得被关注的产业。

基于这一理论的产业结构分析可以轻易通过 $Coagg_{j,k}$ 指数的方向性得以实现。本书将各个城市群下的显著产业共聚进行了汇总统计，计算各个三位数产业被共聚的频数，进一步加总得到所属二位数产业的频数，得到了各个城市群前三位的结构性主导产业（见表3-3）。从表中可以看出，中国城市群层面的结构性主导产业主要有金属制品业、计算机、通信和其他电子设备制造业、通用设备制造业等行业，其中的金属制品业、通用设备和专用设备制造业等行业成为区域性结构性支柱产业的主要原因是其产业生产链相对较长，生产工序相对复杂，与之关联的行业也更多，其跨产业联系更为密切。同时，各个城市群的主导产业存在明显地区特点，以京津冀、长三角与珠三角这三大城市群为例，除了计算机、通信和其他电子设备制造业之外，其他都在这三个城市群占据结构性主导行业前三位，每个城市群都有各自特色的主导产业，京津冀城市群的化学原料和化学制品制造业、长三角城市群的纺织业与珠三角城市群的电气机械和器材制造业都有鲜明的地域产业特色。

通过结构性支柱产业的比较与分析可以清楚了解各个城市群的主导产业以及这些主导产业影响的潜在产业，这一测度结果可以使城市群产业政策制定者对产业结构的调整精准发力、有的放矢，从结构性主导产业入手对区域内产业结构进行转型升级。

表3-3 城市群结构性主导产业分析

序号	城市群名称	第一位	第二位	第三位
1	京津冀城市群	金属制品业	计算机、通信和其他电子设备制造业	化学原料和化学制品制造业
2	辽中南城市群	电气机械和器材制造业	通用设备制造业	金属制品业
3	山东半岛城市群	非金属矿物制品业	通用设备制造业	金属制品业

续表

序号	城市群名称	第一位	第二位	第三位
4	长江三角洲城市群	纺织业	计算机、通信和其他电子设备制造业	通用设备制造业
5	珠江三角洲城市群	通用设备制造业	电气机械和器材制造业	计算机、通信和其他电子设备制造业
6	晋中城市群	金属制品业	通用设备制造业	专用设备制造业
7	呼包鄂榆城市群	通用设备制造业	电气机械和器材制造业	黑色金属冶炼和压延加工业
8	哈长城市群	通用设备制造业	金属制品业	电气机械和器材制造业
9	江淮城市群	金属制品业	通用设备制造业	计算机、通信和其他电子设备制造业
10	海峡西岸城市群	计算机、通信和其他电子设备制造业	非金属矿物制品业	金属制品业
11	环鄱阳湖城市群	金属制品业	通用设备制造业	非金属矿物制品业
12	中原城市群	非金属矿物制品业	农副食品加工业	金属制品业
13	长江中游城市群	通用设备制造业	金属制品业	专用设备制造业
14	长株潭城市群	金属制品业	专用设备制造业	电气机械和器材制造业
15	北部湾城市群	专用设备制造业	农副食品加工业	金属制品业
16	成渝城市群	金属制品业	通用设备制造业	专用设备制造业
17	黔中城市群	通用设备制造业	非金属矿物制品业	金属制品业
18	滇中城市群	金属制品业	食品制造业	化学原料和化学制品制造业
19	关中—天水城市群	非金属矿物制品业	医药制造业	化学原料和化学制品制造业
20	兰西城市群	金属制品业	专用设备制造业	医药制造业
21	宁夏沿黄城市群	食品制造业	通用设备制造业	橡胶和塑料制品业

资料来源：笔者整理。

第四节　城市群产业共聚影响因素分析

产业间地理临近关系的产生、巩固与消失是一个动态发展的过程，这一过程受到多种因素的影响，城市群产业决策者了解与理解这些客观规律后能够更为科学精准地施展产业政策。关于产业共聚的实证研究中，过往的学者均从马歇尔外部性和雅各布外部性的理论基础上展开验证（Rosenthal & Strange，2003；

Duranton & Overman，2005，2008；Ellison et al.，2010；Behrens & Bougna，2015；Billings & Jonhson，2016）。以上研究的主要不足是只在于理论机制的检验，未考虑区域的差异影响，同时未充分考虑产业共聚特有的方向性，即便是在最初提出这一共聚指数的研究中，Billings 和 Jonhson（2016）囿于数据的限制也只讨论了具备方向性的投入产出指标。本书将在前人研究的基础上，针对产业共聚的方向性特性，重点探讨中国城市群层面上产业共聚所受到的投入产出与技术关联影响，同时兼顾讨论产业间规模差距、竞争效应以及区域因素的作用。

一、计量模型的设定和变量说明

本书将产业共聚 $Coagg_{j,k}$ 指数作为被解释变量，针对产业共聚指数的矢量性特征，重点构建同样具备矢量特征的投入产出关联与技术关联指标，产业规模差距、行业竞争[①] 和区域经济政策差异角度选取解释变量，研究产业共聚的驱动因素及地区性差异，建立如下计量模型：

$$Coagg_{j,k,i} = \alpha_0 + \alpha_1 Inputoutput_{jki} + \alpha_2 TechCorrelation_{jk} + \alpha_3 ScaleDissimilarity_{jki} +$$
$$\alpha_4 Competition\ Level_{ji} + \alpha_5 Competition\ Level_{ki} + \alpha_6 Economy_i +$$
$$\alpha_7 Government_i + \alpha_8 Transport_i + \alpha_9 Open_i + \varepsilon_{j,k} + \xi_{jki} \qquad (3-8)$$

其中，j 和 k 表示行业代码；i 表示城市群；$\varepsilon_{j,k}$ 表示一系列固定效应，具体包括三位数行业 j 的固定效应、三位数行业 k 的固定效应，以及二位数行业 j 的固定效应与二位数行业 k 的固定效应的交乘项，控制这些固定效应，可以控制三位数行业内部以及二位数行业内部影响产业共聚的不可观测的因素，同时将被解释变量的变异来源限制在每个二位数行业内部进行比较；ξ_{jki} 表示随机扰动项。

本书采用滞后变量消除内生性带来的影响，除了投入产出变量为 2012 年的数据以外，其他变量本书均选取 2010 年的数据。以上指标来自《中国工业企业数据库 2010》《中国城市统计年鉴》《2012 年全国 139 行业投入产出表》和夜间灯光遥感数据。以下八点就指标做详细说明：

（1）$Input\text{-}output_{j,k}$ 表示产业间投入产出关系。产业间投入产出关系是衡量产业关联的重要指标之一，这一指标表明了产业间的上下游关系，具有方向性。验证产业间投入产出关系对产业空间共聚的影响可以进一步解释前文所定性分析的产业空间单向共聚的成因。参照 Billings 和 Johnson（2016）以及 Ellison 等（2010）

---

① 需要说明的是，在包含与剔除行业竞争效应变量下分别进行了回归，发现剔除竞争指标后，其他变量的系数和显著性都非常稳健。

的做法，使用产业间投入产出表对产业间投入产出关系进行判别，$Input\text{-}output_{j,k}$ 表示产业 j 的产出中由产业 k 投入贡献的比例。本书使用 2012 年中国 139 行业投入产出表，通过行业匹配构建该指标。该指数说明了产业 j 对产业 k 的投入产出关系。

（2）$Tech\ Correlation_{j,k}$ 表示产业间技术关联。本书的技术关联是衡量产业间技术依赖的指标，具有方向性。产业间的技术关联内在动力来自知识溢出，是指临近的企业能够从彼此的技术外部性中获益。技术外部性不仅表现在研发层面，还可以通过教育培训体现。技术外部性程度与产业间技术关联间的方向性通常不易测量，现有研究大多以专利数量或引用数近似代替，但是这种方法只涵盖了有形的技术层面，而且数据较难获得。Hidalgo 等（2007）创新地提出了产品临近度指标用以度量"产品空间"，Guo 和 He（2016）、贺灿飞和胡绪千（2019）等对该指标进行进一步的拓展和引申，将其用于度量产业间的技术关联，可以理解为"产品临近"是由于产业间的技术关联所引致的。本书借鉴上述研究的思路和方法，并进一步赋予该指标以方向性，用来测度行业间的技术依赖水平。本书定义 $Tech\ Correlation_{j,k}$ 指标为产业 j 对产业 k 的技术依赖，具体计算公式如式（3-8）所示：

$$TechCorrelation_{j,k} = P(RCA_{cj} > 1 | RCA_{ck} > 1)$$

$$RCA_{cj} = \frac{Employment_{cj} / \sum_j Employment_{cj}}{\sum_c Employment_{cj} / \sum_{c,j} Employment_{cj}}$$

（3-9）

其中，RCA_{cj} 为 c 国家（或城市）产业 j 的显性比较优势。该技术关联指标表示为产业 k 具备比较优势的条件下产业 j 具备比较优势的条件概率，它反映了产业 j 对产业 k 技术依赖的可能性。本书测度了 2010 年全国层面 191 个三位数产业间的双向技术关联概率，共测度了 36290 个结果，并与产业共聚指数进行匹配。

（3）$Scale\ Dissimilarity$ 表示规模差距。根据新经济地理的规模报酬理论，集聚是为了实现规模报酬递增，在考虑共聚问题时，本书关心的是不同规模间的行业之间的共聚特征是什么的问题，简单来说，就是同等规模的行业间更易共聚还是规模差距较大的行业间更易共聚的问题。基于这一问题，本书使用工业总产值来衡量产业间规模差距，具体计算公式为：

$$Scale\ Dissimilarity = \frac{|totaloutput_j - totaloutput_k|}{totaloutput_j + totaloutput_k}$$

（3-10）

（4）*Competition Level* 表示产业内的竞争水平。产业内部的竞争差异也可能导致其共聚与被共聚的可能性的变化，为了考察竞争效应对产业空间共聚的影响，本书分别引入 j 行业与 k 行业的企业数量作为行业内部竞争能力的指标。

（5）*Government* 表示政府规模。由政府主导的产业政策在产业集聚的差异方面的影响和作用不容忽视，有学者研究表明政府规模与产业间的协同集聚水平有正向关系（陈曦等，2018）。本书用政府财政支出来衡量区域的政府规模。

（6）*Economy* 表示经济水平。从上文的产业共聚密度分布的地区差异可以发现，不同经济水平的城市群之间的产业共聚密度存在差距。为了进一步验证这一结论，同时避免与其他区域指标的共线性，本书参考徐康宁等（2015）的研究结论，用城市群的夜间灯光数据来度量区域间的经济发展水平，并对灯光数据取对数处理。

（7）*Transport* 表示运输成本。由于制造业的生产和消费可以在时间和空间上分离，因此交通运输成本是各制造业细分行业空间分布的重要影响因素之一（尹希果、刘培森，2013）。交通基础设施改善等同于市场一体化整合的效果，能够影响经济活动的空间分布（刘钜强、赵永亮，2010）。为了进一步验证这个因素对产业共聚的影响，本书选取城市群人均道路面积来度量运输成本的大小。

（8）*Open* 表示开放程度。对外开放的经济政策通过经济地理因素对产业的空间的共聚产生的作用未知，本书用外商直接投资占 GDP 的比重考察城市群的对外开放程度。

二、回归结果及分析

表 3-4 中报告了城市群产业共聚的影响结果，第（1）列报告了不控制行业固定效应的基准回归结果，第（2）列报告了不控制区域差异的基准回归结果，第（3）~第（4）列报告了同时控制三位数行业固定效应与二位数固定效应的结果，需要指出的是，本书进行行业固定效应控制时同时控制了行业 j 与行业 k 的交叉固定效应。

从行业层面实证验证的结果可以发现，投入产出关联对产业空间共聚有正向影响，说明两个产业间的投入产出关联越密切越有可能发生共聚，从指标的实际意义上可以得出产业越容易向对其投入的相关产业比例越高的结论；产业间的技术依赖正向影响产业空间共聚的发生概率，产业 j 对产业 k 技术依赖性越强，产业 j 则越有可能向产业 k 空间临近，从而表现出共聚特征。

实证结果还验证了规模差距对产业共聚显著的正向影响，这说明规模差距越大的两个产业越易于发生共聚，规模差距越小的两个产业越不易发生共聚。这是符合经济学常识的，即具备规模经济的产业越易于与规模不经济的产业共聚，而两个同时规模经济或同时规模不经济的产业是不会通过共聚的方式来实现规模经济的，这可以总结为规模经济的"学习效应"。从竞争效应的验证结果来看，不管是共聚产业还是被共聚产业，其产业内部的竞争力都会对其共聚趋势产生负向影响，产业间的竞争主要集中于资源的竞争，这包括人力资源、生产资源、市场份额等一系列产业间关联资源，围绕这些资源的争夺越激烈越不利于产业间彼此的方向性共聚。

从区域层面实证验证的结果来看，政府的规模越大对越不利于产业的共聚，这与陈曦等（2018）的结论是不一致的。对此本书的解释是，政府的产业政策往往不具有稳定性，其空间的区位选择是随机的，因此从空间分布上来说表现为分散化，因此政府对产业政策的干预越强，产业在空间上越发分散，由于陈曦等（2018）采用的是 EG 指数的简化测度方法，且在地级市层面进行的测度，由MAUP 问题导致的测度结果不准确也可能是导致这一差异的原因。与上文的产业共聚指数在不同的城市群的密度分布模式的分析结果相对应，本书发现经济发展水平与产业共聚间显著的负相关关系，一方面，从产业生命周期的角度可以解释为落后地区的产业都位于城镇地区，在地理空间上都集中在狭小的区域内，因此从空间分布上表现为显著的共聚效应；另一方面，由于工业企业数据库只统计规模以上的企业，经济发展较为落后的城市群规模以上企业以国有企业为主，一般都聚集在城市群的特定经济功能区内，因此造成多产业空间分布集中的现象；而发达地区特别是东部沿海的城市群市场经济发展迅速，非国有的规模以上企业较多，在空间上表现更为分散。城市群交通基础设施对产业间共聚的影响显著为负，这说明交通基础设施越发达，运输成本下降，受到地理空间的制约越弱，进而在空间上表现为产业间的分散化。对外开放程度越高，产业的共聚效应越弱，这与很多关于单一产业集聚的实证研究结论不一致，对此的解释是产业集聚有别于产业共聚，单一产业集聚并不意味着与其他产业共聚，对外部需求规模依赖程度较高的产业其本身对依赖资本的单一需求使其不需要通过与其他产业共聚以实现利益最大化。

表 3-4 中第（5）~ 第（6）列分别报告了跨行业与同行业的分组实证结果，在行业与区域的效应上，跨行业共聚表现出了更强的效应，这与上文的密度分布分析是一致的，跨行业共聚目的性更强，受行业与区域的效应影响更为明显。与之相对应的是同行业的共聚实证结果发生较大变化，投入产出关联与技术关联对同二位数行业内部共聚的影响没有得到验证。不过，同二位数行业内规模差距引

致的"学习效应"影响更为强烈。此外，同二位数行业共聚不受经济发展水平、政府规模与交通基础设施的影响，却显著受到对外开放程度的影响，影响方向与总体产业共聚是一致的。这些都说明与跨二位数行业共聚相比，同二位数行业产业共聚的影响模式更为单一。

表3-4 城市群产业共聚影响因素回归结果

	（1）基准回归	（2）	（3）	（4）	（5）跨二位数行业	（6）同二位数行业
$Input\text{-}output_{j,k}$	0.193***	0.197***	0.122***	0.123***	0.228***	0.00802
	（0.0154）	（0.0154）	（0.0297）	（0.0298）	（0.0452）	（0.0837）
$Tech\ Correlation_{j,k}$	0.0384***	0.0497***	0.0704***	0.0722***	0.0694***	0.0587
	（0.00422）	（0.00422）	（0.00731）	（0.00733）	（0.00744）	（0.0613）
$Scale\ Dissimilarity$	0.0111***	0.0136***	0.0235***	0.0278***	0.0238***	0.0246**
	（0.00184）	（0.00185）	（0.00186）	（0.00186）	（0.00189）	（0.0119）
$Competition\ Level\ j$	−9.38e−05***	−0.000134***	−8.90e−05***	−0.000130***	−9.14e−05***	−2.04e−05
	（3.04e−06）	（2.83e−06）	（3.42e−06）	（3.10e−06）	（3.45e−06）	（2.26e−05）
$Competition\ Level\ k$	−1.09e−05***	−5.16e−05***	−7.11e−05***	−0.000112***	−7.34e−05***	−5.67e−06
	（3.05e−06）	（2.83e−06）	（3.42e−06）	（3.10e−06）	（3.45e−06）	（2.26e−05）
$Government$	−0.0424***		−0.0291***		−0.0294***	−0.0157
	（0.00234）		（0.00234）		（0.00237）	（0.0145）
$Economy$	−0.00178*		−0.00187**		−0.00211**	0.00592
	（0.000914）		（0.000879）		（0.000892）	（0.00523）
$Transport$	−0.00159***		−0.00148***		−0.00152***	−0.000249
	（0.000139）		（0.000134）		（0.000136）	（0.000771）
$Open$	−0.0141***		−0.0133***		−0.0132***	−0.0185***
	（0.000517）		（0.000499）		（0.000507）	（0.00295）
$Constant$	0.510***	0.445***	0.493***	0.436***	0.492***	0.532***
	（0.00267）	（0.00174）	（0.00300）	（0.00228）	（0.00303）	（0.0269）
三位数行业固定效应			YES	YES	YES	YES
二位数行业固定效应			YES	YES	YES	YES
Observations	375662	375662	375636	375636	364034	11602
R-squared	0.015	0.009	0.116	0.112	0.116	0.093

注：*、**、*** 分别表示10%、5%和1%的显著性水平。括号内为标准差。

资料来源：笔者利用STATA软件计算。

第五节　本章小结

本书在机器学习 Wasserstein 距离算法思想的基础上，运用矩阵扩张 Sinkhorn 算法和熵正则化约束法改进 Wasserstein 距离算法及其求解方式，通过假设检验与蒙特卡洛模拟构建产业共聚指数，测算中国城市群的产业共聚水平。测度结果发现，中国城市群同二位数行业内产业间的共聚水平大于跨二位数行业产业间共聚水平；经济相对落后的城市群表现出明显的产业共聚特征，同时技术密集型产业在上述城市群内部偏向共聚；2007~2013 年中国城市群产业空间共聚水平总体呈下降态势，不同城市群的演化模式存在差异。本书还利用产业共聚指数的方向性，分析了不同城市群产业空间核心产业的差异，绘制出城市群产业空间结构。对产业共聚影响因素的实证研究发现，投入产出关联、技术关联与规模差距对产业间共聚的影响显著为正，行业内部竞争水平从共聚和被共聚两个方向抑制产业间共聚趋势；城市群层面诸如政府规模等区域特征均与产业间共聚水平负相关。

第四章

基于复杂网络方法的城市群
"产业空间"演变研究
——以长三角城市群为例

本章定义了产业空间概念并阐释其内涵，基于机器学习 Wasserstein 距离算法并优化求解方式，测度产业共聚指数，进而构建产业关联指数。进一步地，本章提出了基于复杂网络的产业空间的分析框架，从网络空间参数、网络核心节点以及产业空间密度指标三个方面描绘产业空间的特征。为了更好地阐述本章的方法，本章以长江三角洲城市群为例，研究了 1998~2013 年产业空间的结构形态与演变趋势。总体上来看，长三角产业空间结构经历先趋于紧密后趋于分散的倒"U"型过程，2008 年前后是空间结构趋势转变的拐点。从产业空间的结构形态上来看，长三角地区支柱产业呈现多元化发展趋势，支柱产业向高质量、高技术产业转变，表明区域内产业体系优化特征。本章从劳动力池、技术溢出及规模效应的角度分析产业空间结构差异及演变趋势，发现劳动力密集型支柱产业在网络中的地位逐步下降，技术密集型支柱产业与规模经济支柱产业在网络中的地位逐步增强。本章系统性地阐述产业空间的概念与内涵，并构建多维度密度指标。

第一节 引言

产业体系高质量发展路径在中国是被广泛关注的研究主题。通过产业结构研究产业体系是厘清区域内部细分产业间关系及其动态演化，进而实施产业引导政策的重要视角。产业结构的度量主要使用三次产业比重等古典测度方法进行研究，该类方法侧重刻画产业的比重；而产业关联的度量的一般性方法主要是投入产出关联与技术关联。Hidalgo 等（2007）从比较优势理论的角度出发，基于区域内比较优势产品间的条件概率界定了产品临近度的概念，其思想的基本前提假设是，在某一地区同时成为具有显性比较优势产品的产业间大概率是关联的，这种关联主要体现为产品在技术上的临近性。基于产品临近度的概念，Hidalgo 等（2007）进一步提出产品空间（Product Space）的概念，在之后形成产品空间理论并被广泛应用（毛琦梁和王菲，2017；张亭等，2018；毛琦梁，2019）。

产品空间具体是指所有产品间通过比较优势的发生程度构建的网络树图，这对探索产业升级和经济发展转型提供了可靠的参考依据。但是，产品空间是通过全球各个国家产业比较优势分析得出的产品技术关联的参考图，其意义上更贴近产品技术衍生的"族谱"，其考察视角只能基于全球或者全国，由于该测度方法存在"可更改的地理单元问题"（MAUP），其结果受到基本划分单元变换的扰动，总体的测度结果不够精确稳定，同时在空间尺度上无法聚焦某一地区的产品生产关联。事实上，微观的视角下的产业联系广泛地受到地理、社会、经济和文化的影响，因而产品空间提供的产业升级指导意义有限。而各个行政层级的产业规划者与产业政策制定者更关心的是本区域内部产业地理空间的布局，并希望通过现存产业的空间联结关系进一步有针对性地开展产业结构与产业体系的调整与优化。

本章将提出一个不受空间尺度约束的产业结构刻画的方法，通过企业微观选址行为形成的群体规律探索产业间的空间依存关系，进而提出产业空间（Industry Space）的概念，产业空间的网络结构将构建区域内部产业空间关联的全貌，并通过产业空间从各个维度考察区域内部的产业体系。

本章余下部分安排如下，第二部分通过文献梳理厘清产业空间概念的理论基础上，对产业空间进行定义；第三部分重点阐述通过产业共聚与产业关联描绘的产业空间的方法步骤，同时提出以复杂网络参数分析和密度指标构建的分析框架；第四部分基于 1998~2013 年长三角城市群的企业微观数据进行区域产业空间刻画和趋势演变分析，通过长三角城市群的案例全面介绍该方法；最后对本章进行总结并展望未来可能的研究拓展。

第二节　文献综述与概念界定

2007 年党的十七大报告中最早正式使用"现代产业体系"一词，随后在党的十八大与十九大报告中延续提及了这一概念。现代产业体系主要出现在相关政策文件之中，从某种意义上是一个中国语境下的政策概念（盛朝迅，2019），对于现代产业体系具体如何定义和刻画学界一直没有统一的认识。"体系"一词在《辞海》中的解释为：若干有关事物互相联系互相制约而构成的一个整体，因此，可以将产业体系理解为若干个产业的相互联系与相互制约而构成的整体。研究产业体系必须先从认识和判断产业间的相互联系着手，产业间的联系主要可以分为传统的投入产出关联、技术关联、产品关联与本章提出的空间分布关联四类。

第一类投入产出关联是研究产业关联和产业结构的普遍方法，学者一般采用投入产出表研究产业之间的投入产出关系，并进一步计算直接消耗系数、完全消耗系数与影响力系数等一系列指标分析产业间的依存度与总体联系（王岳平和葛岳静,2007;齐亚伟和陈洪章,2017)。中国产业的投入产出关联指标的准确性长期存疑,加之测度时间的不稳定使该指标难以得到有效的应用。

新技术往往依托现有技术产生,因此第二类技术关联也是产业间关联的一个重要研究维度,其关联测度一般从专利的关联角度着手。例如,Rigby(2015)利用发明专利之间的相关性研究并预测美国城市内的技术演变;马双等(2020)利用中国的专利数据的 IPC 分类研究技术关联性网络并刻画成关联性网络。该类指标能够反映部分具备专利技术的企业间的关联性,但是对于相当大比例没有专利的企业来说,其产业间的关联在这一测度指标下被忽略了。

Hidalgo 等(2007)通过比较优势理论提出了第三类产品关联的测度方法,其测度的底层逻辑仍然是技术关联,他们认为各国是围绕已经拥有的优势产品的技术进一步衍生出相关联产业的产品优势,而贺灿飞和胡绪千(2019)将基于比较优势计算的产品关联直接等同于技术关联。Hidalgo 等将所有门类的产品及其关联形成的网络定义为"产品空间"(Product Space)。产品空间的指标要求在全面尺度下分割各个地理单元,通过地理单元内部产业生产的产品具备比较优势的条件概率衡量产品间的联系。该测度方法基于非常强的假设条件下:同时成为比较优势的产品负责制造的两个产业间的关联性概率更强。但是这一假设也存在一定的主观性,难以判定这是否为一般规律。同时,由于其全局性视角,使该指标的考察对象只能是全球或者全国的"产品地图",对局部地区的产业关联的判断指导意义不大。

本章提出了第四类产业空间分布关联指标。产业的空间分布关联来自于企业选址行为的群体规律的总结。Billings 和 Johnson(2016)认为,企业的选址过程可以分为两阶段决策过程:第一阶段是选择一个地区或者城市,第二阶段是选择区域或城市中的具体位置。而企业的具体区位的选择受到宏观与微观多因素的影响,从产业层面来看,企业会靠近能让其享受正外部性的产业所在的区域,这种正外部性包含了马歇尔外部性(Marshall,1920)和雅各布外部性(Jacobs,1969)。事实上,产业集聚与产业共聚的研究主题就是产业层面企业相互临近的客观规律。而在产业体系或产业结构的框架下,跨产业间的相互临近是研究者们关切的核心。测度产业间空间的关联性,主要使用行业的经济指标或企业的地理坐标,测度的指标主要有 EG 共聚指数(Ellison & Glaeser,1997)、DO 共聚指数(Duranton & Overman,2008)以及本书第三章提出的基于机器学习 Wasserstein 距离算法的共聚指数。

复杂网络(Complex Network),是指具有自组织、自相似、吸引子、小世界、无标度中部分或全部性质的网络(邢李志,2012),复杂网络理论在物理、生态、社会、经济、管理等各个领域有着广泛的运用。复杂网络理论从复杂系统最为基础的"联系"入手，通过将复杂系统高度抽象成为由节点组成的网络，从研究网络的拓扑结构和网络动力学入手来探索复杂系统的本质。通过复杂网络，可以进一步探寻网络的整体特征或局部网络特征。近年来在产业经济与区域经济的结构与体系研究中，复杂网络技术被广泛使用（姚刚等，2017；郑伯红和钟延芬，2020）。

本章的产业空间定义为：一定空间尺度下通过产业间的矢量空间临近关系构建的产业复杂网络，这一网络通过产业间具备方向性的产业地理空间关联描绘空间下的产业体系。本章提出的产业空间具备无标度网络的基本特性：高聚集性、节点间的平均距离较短且部分网络具有幂函数率节点度分布特性。Hidalgo 等（2007）通过产品关联构建了世界产品的复杂网络，并将这一网络定义为产品空间，参考 Hidalgo 等的做法，贺灿飞等（2019）构建了中国的产品空间。但是产品空间与产业空间还是存在一定的差别（见表 4-1），如上文所述，产品空间是基于比较优势理论建立的关联性，而产业空间是基于地理临近建立的关联性。顾名思义，产品空间的研究对象是产品，产业空间研究的对象是产业，虽然产品可以反映一定的产业关联，但是由于产品空间是从最终产品比较优势的角度构建的概念，因此产品空间无法准确反映中间生产环节产业之间的关联性，换言之产品空间在覆盖度上只是部分覆盖。而产业空间通过产业空间分布相似性建立产业间在地理上的联结关系，这些产业既包含最终商品的制造产业，也包含中间商品的制造产业，因此可以反映产业体系的全貌。而且，Hidalgo 等（2007）的产品空间的计算方法中，产品间的关联是没有方向的，其网络中默认了核心产品衍生边缘产品的特定方向，因此这一产业演化的方向设定客观性不足，而本章的产业空间方向是双向的，在具备矢量特征的产业共聚指数（陈露等，2020）的基础上设计产业空间关联指数。

表 4-1　产品空间与产业空间的综合比较

	研究对象	理论基础	联结指标	方向	覆盖度
产品空间（Product Space）	产品	显性比较优势	产品优势邻近度	无向	部分覆盖
产业空间（Industry Space）	产业	集聚 / 共聚理论	空间地理邻近度	双向	全覆盖

第三节 数据与研究方法

一、数据

计算产业共聚指数的数据基础是微观企业层面的空间地理信息，这是产业在空间上的最小组成单元。本书使用的数据来自 1998~2013 年中国工业企业数据库，该数据库样本范围为全部国有工业企业以及规模较大的非国有工业企业。与第三章处理方式类似，通过百度 API 获取了 1998~2013 年全部微观企业的经纬度坐标，通过第三章提出的产业共聚方法计算两两产业间的产业共聚指数。

二、研究方法

1. 复杂网络的参数分析

在计算特定空间尺度下所有产业间的空间关联关系后，即可构建该空间范围内产业体系的复杂网络。将产业设置为节点，将具备方向性的产业共聚指数（$\phi_{j \to k}$）定义为矢量边，将所有产业间的关联关系确定后，即可得到城市群整体产业空间有向网络。该空间网络的特殊性在于能够系统、完整地描绘整个区域内部产业结构关系。对于复杂网络，可以从网络的平均度、网络直径、平均路径长度、图密度和平均聚类系数等一系列参数表征网络的整体特征，同时还可以从节点的连入度大小判断产业空间网络中的核心节点。

复杂网络中的节点的度表示为节点所连接的边的数目，平均度指标代表网络中所有节点度的平均值，在产业空间网络中，平均度可以表征网络中产业间的关系密切程度；复杂网络的直径指标表示为网络中任意两个节点距离的最大值，从产业关联的角度可以理解为网络中基于空间依附关系的产业链最大长度；网络中的平均路径长度定义为网络中任意两个节点之间距离的平均值；复杂网络的图密度指标定义为网络中的边数与潜在最大的可能边数的比值，这也是衡量产业空间的紧密度的一个指标；复杂网络的聚类系数用来表示每个节点与相邻其他节点之间的紧密程度，在产业空间的研究中可以用来反映与某个产业有联系的所有产业之间的紧密度，而所有节点计算的平均聚类系数可以反映整个产业空间下产业体系的紧密程度。

2. 基于复杂网络的产业空间密度指标构建

产业空间内某一产业与其他产业互动的多寡只能衡量复杂网络内部产业空间依附与被依附的产业数量，并不能完整反映该产业在整个产业空间下依附与被依附的资源情况。Marshall（1920）认为，产业地理邻近来自对劳动力市场、投入产出关联与知识外溢三个层次，而 Duranton 和 Puga（2016）则认为，产业间互动的微观基础是共享、匹配与学习。在产业空间下的产业互动的微观机制在这两种观点下同样适用，因为从本质上讲产业集聚与共聚的研究的微观基础都是地理上的相互邻近。当然，产业间的地理邻近既可能考虑上下游的投入产出关联，也可能出于借用规模的目的。规模较大的产业一般能够创造更大的上下游和要素市场，使规模相对较小的产业能够减少市场的搜寻成本。在产业空间的网络中，可以从更为细化的角度讨论该问题，即同质化产业与异质化产业间的规模借用或共享问题。

在上述理论支撑下，本书分别从规模、劳动力市场及知识溢出三个维度测度产业空间下某一产业所获取或被获取的产业空间资源，构建了基于产业工业总产值、从业人数及研发投入的产业空间双向密度指标。指标构建的思想分别从共聚与被共聚两个方向构建产业的空间密度函数：

$$\omega_{j\leftarrow} = \frac{\sum_k S_k \phi_{j\leftarrow k}}{\sum_k S_k} \tag{4-1}$$

$$\omega_{j\rightarrow} = \frac{\sum_k S_k \phi_{j\rightarrow k}}{\sum_k S_k} \tag{4-2}$$

式（4-1）中，$\omega_{j\leftarrow}$ 表示 j 行业的产业空间被共聚密度指标，S_k 表示行业 k 的马歇尔外部性要素资源，本书中指规模、劳动力或研发投入等变量。因此式（4-1）中 j 行业的产业空间被关联密度指标表示为产业空间内向 j 行业关联的产业资源占全部其他产业 k 的产业资源之和的比例，这一指标衡量了产业空间内部 j 行业被资源依附的丰富程度。同理，在式（4-2）中，$\omega_{j\rightarrow}$ 表示 j 行业的关联密度指标，表示在产业空间内 j 行业向其他产业关联的资源之和占全部其他产业 k 的产业资源之和的比例，这一指标衡量了产业空间内部 j 行业依附利用的资源丰富程度。

第四节　长三角城市群产业空间演变研究

一、长三角城市群产业空间总体演化分析

考虑到产业空间关联的相对稳定性，本书描绘了长三角城市群1998~2013年的产业空间演变情况。表4-2汇报了长三角城市群产业空间内部各个产业间共聚与关联水平描述性统计。长三角城市群产业空间关联水平（产业共聚指数均值）总体上先下降后上升，而长三角城市群产业空间波动水平（产业共聚指数方差）总体上先增大后减小。从共聚指数显著数量（比例）和双向显著数量（比例）来看，产业显著关联水平呈现先上升后下降的趋势。

表4-2　1998~2013年长江三角洲城市群三位数产业空间总体水平汇总

序号	年份	产业数	共聚指数总数	$Coagg_{j,k}$ 均值	$Coagg_{j,k}$ 方差	$\phi_{j\to k}=1$ 数量	占比（%）	其中	
								$\phi_{j\leftrightarrow k}=1$ 数量	占 $\phi_{j\to k}=1$ 比例
1	2013	187	34782	0.380	0.367	4562	13.12	1398	30.64
2	2010	186	34410	0.357	0.380	4951	14.39	1682	33.97
3	2007	186	34410	0.340	0.397	5847	16.99	2128	36.39
4	2004	188	35156	0.351	0.392	5833	16.59	2142	36.72
5	2001	191	36290	0.379	0.366	4326	11.92	1404	32.45
6	1998	191	36290	0.385	0.351	3462	9.54	1078	31.14

为了更直观地展现各个年度产业空间关联水平的整体分布，本书通过Kernel核密度函数构建了各个年份的产业共聚指数密度分布图（见图4-1）。该密度分布图横坐标范围为0~1，其中越接近于1表明产业对空间方向性关联越强，越接近0表明产业对空间方向性关联越弱。从图4-1中可以发现，产业共聚指数均值最低的2007年的核密度分布最为"两极分化"，即靠近0与靠近1的密度均为历年最高；而1998年的核密度分布最为"均衡化"即靠近0与靠近1的密度均为历年最低。结合均值与方差的综合表现，从两极分化的角度来看，1998~2013年长三角城市群的产业空间关联的密度分布经历了"均衡—极化—均衡"的动态演化过程，这解释了产业共聚均值与产业显著关联数量呈现负相关关系。

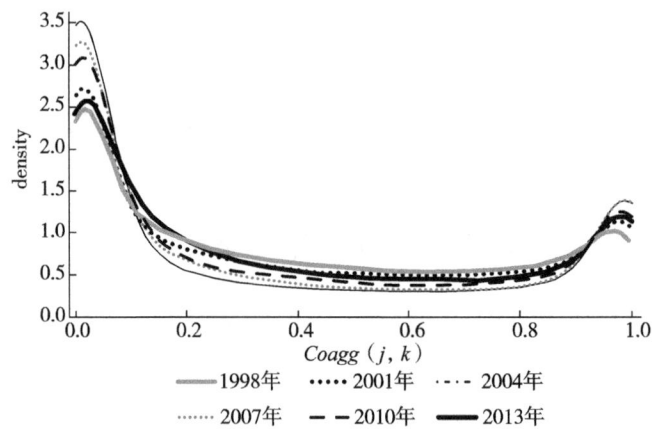

图 4-1　1998~2013 年长江三角洲城市群产业共聚指数密度分布

资料来源：笔者绘制。

　　表 4-3 展示了 1998~2013 年长三角城市群产业空间网络的各个参数。由于本书定义产业空间节点之间的有向边的条件是 $\phi_{j\to k}$=1，因此网络中的边数与表 4-1 中 $\phi_{j\to k}$=1 数量的数值是一致。从平均度指标来看，1998~2007 年，长三角产业空间的平均度从 18.126 增长至 31.435，从 2007 年开始至 2013 年缓慢下降至 24.337，这表明长三角城市群产业空间内部的产业关联紧密度以 2007 年前后为界发生了显著的趋势变化（见图 4-2）。从网络直径指标来看，可以发现观察期内长三角城市群的网络空间中网络直径均不小于 8，而其中 2001 年的网络直径为最长为 12。而观察期内长三角城市群网络平均路径长度介于 2.8~3.1，变化较为稳定，总体趋势表现为先下降后趋于平稳。从网络图密度指标来看，1998~2013 年，长三角城市群的产业空间集群的紧密程度经历先增长后下降的倒 "U" 型走势，这一趋势在平均聚类系数指标上也有所体现。

表 4-3　1998~2013 年长三角城市群产业空间参数

年份	节点数	边数	平均度	网络直径	平均路径长度	图密度	平均聚类系数
1998	191	3462	18.126	8	3.081	0.095	0.303
2001	191	4326	22.649	12	3.041	0.119	0.349
2004	188	5833	31.027	9	2.892	0.166	0.406
2007	186	5847	31.435	8	2.890	0.170	0.426
2010	186	4951	26.618	10	3.081	0.144	0.403
2013	187	4562	24.337	8	2.848	0.131	0.359

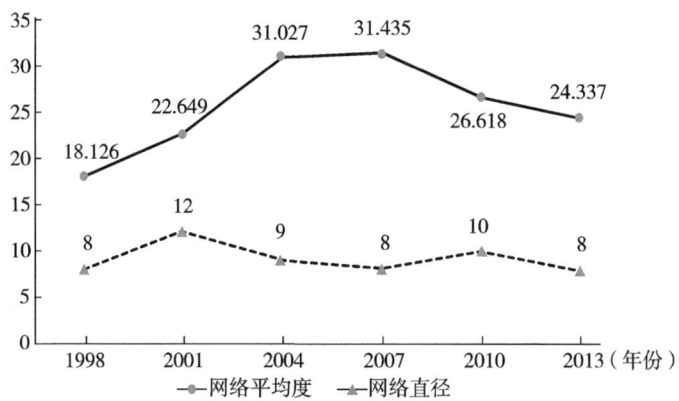

图 4-2　1998~2013 年长江三角洲城市群产业空间参数演化

资料来源：笔者绘制。

二、城市群产业空间支柱产业演化

在此研究基础上，本书计算了 1998~2013 年长三角城市群三位数产业的被其他产业空间关联（ $\phi_{j \to k}=1$ ）的频数，并对其进行进一步排名。表 4-4 展示了 1998~2013 年长三角城市群前十位三位数支柱产业的变动情况。从结果可以发现，长三角城市群产业空间支柱产业经历了从劳动密集型为主向技术资本密集型为主的转变。1998 年，长三角城市群的三位数支柱产业以纺织服装业、金属加工业、玻璃制品业、木制品业等劳动密集型产业为主；经过 15 年的发展，2013 年除了纺织服装业仍然作为地区强势产业外，电子信息业、印刷业、设备制造业等一系列技术与资本密集型产业逐步替代原有产业成为地区新的支柱产业。通过结构性支柱产业的比较与分析可以清楚地了解长三角城市群的主导产业以及这些主导产业影响的潜在产业，这一测度结果可以使产业政策制定者对产业结构的调整精准发力、有的放矢，从结构性主导产业入手对区域内产业结构进行转型升级。

表 4-4　1998~2013 年长江三角洲城市群产业空间核心三位数产业演化

年份	1998	2004	2007	2010	2013
第一位	棉纺织业	纺织服装制造	纺织服装制造	涂料、油墨、颜料及类似产品制造	机织服装制造
第二位	金属加工机械制造业	电线、电缆、光缆及电工器材制造	电线、电缆、光缆及电工器材制造	专用化学产品制造	电子器件制造

续表

年份	1998	2004	2007	2010	2013
第三位	玻璃及玻璃制品业	水泥及石膏制品制造	结构性金属制品制造	医疗仪器设备及器械制造	毛纺织及染整精加工
第四位	服装制造业	结构性金属制品制造	其他塑料制品制造	结构性金属制品制造	印刷
第五位	人造原油生产业	钢压延加工	涂料、油墨、颜料及类似产品制造	物料搬运设备制造	智能消费设备制造
第六位	金属结构制造业	涂料、油墨、颜料及类似产品制造	棉、化纤纺织及印染精加工	合成材料制造	钢压延加工
第七位	木制品业	棉纺织及印染精加工	金属加工机械制造	塑料包装箱及容器制造	通用零部件制造
第八位	毛纺织业	钢压延加工	合成纤维制造	钢压延加工	化纤织造及印染精加工
第九位	体育用品制造业	集装箱及金属包装容器制造	稀有稀土金属冶炼	纺织服装制造	铸造及其他金属制品制造
第十位	专用仪器仪表制造业	电子和电工机械专用设备制造	集装箱及金属包装容器制造	砖瓦、石材及其他建筑材料制造	集装箱及金属包装容器制造

三、城市群产业空间密度指标分析

基于上文提出的密度分析框架，本书分别从规模、劳动力池和创新三个维度分析了长三角城市群的产业空间网络格局与演化。

1. 基于规模效应视角的产业空间分析

图 4-3 绘制了 1998 年和 2013 年长三角城市群产业规模视角下的产业空间全貌对比图。可以发现，1998 年长三角城市群是显著的单中心结构，整个产业空间的重心集中在中心区域，产业空间上以纺织服装业和化学制品业形成的小规模集群为主，而与此形成鲜明对比的是，2013 年长三角城市群产业空间除了各个产业的产值规模均显著提高以外，还形成了多个产值规模较大的产业集群中心，较为明显的产业集群是以机械与设备制造、金属制品制造和化学制品制造为主的产业集群，该空间集群的内部异质化程度较高，跨产业联系密切；而以纺织服装业和木制品与家具制造业形成的产业集群产业产值规模较小，集群内部同质化程度较高。

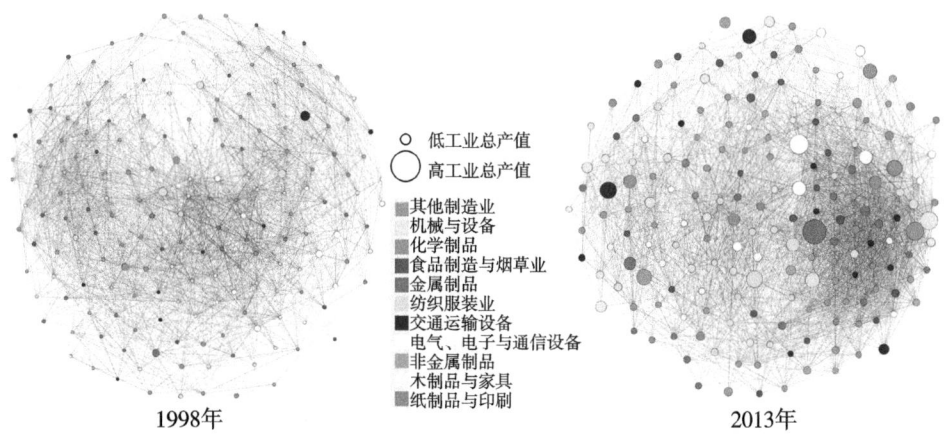

图 4-3 基于产值规模视角的长江三角洲城市群产业空间演化对比

资料来源：笔者绘制。

表 4-5 展示了 1998 年和 2013 年基于产业规模的双向空间密度三位数行业排名情况，1998 年长三角城市群产业空间规模密度 $\omega_{j\leftarrow}$ 前十位产业主要集中在设备制造、金属制品、日用品及原料生产等领域；产业空间规模密度 $\omega_{j\rightarrow}$ 前十位产业主要集中日用品和橡胶制品制造等劳动密集型产业领域，同时可以看出，产业空间规模密度 $\omega_{j\leftarrow}$ 整体高于 $\omega_{j\rightarrow}$，即空间下产业被共聚的密度整体高于向其他产业共聚的密度。2013 年长三角城市群产业空间密度 $\omega_{j\leftarrow}$ 前十位产业转换为金属制造、电子信息制造及服装制造领域，规模经济重心由原有的劳动密集型向技术密集和资本密集型产业转变；产业空间规模密度 $\omega_{j\rightarrow}$ 前十位产业集中在能源开采和中间原料制造等领域且其密度强度远高于 1998 年的水平，这一规模化密度产业的转变展示了长三角区域内部能源类企业在区域产业结构内部角色开始向生产服务型产业转变。

表 4-5 1998 年和 2013 年长江三角洲城市群工业总产值双向空间密度排名

年份	1998				
排名	产业名称	$\omega_{j\leftarrow}$	产业名称	$\omega_{j\rightarrow}$
第一位	其他电子设备制造	0.424	钟表制造	0.346
第二位	体育用品制造	0.406	游艺器材制造	0.341
第三位	集装箱和金属包装物品制造	0.334	塑料鞋制造	0.340
第四位	其他交通运输设备制造	0.332	乐器及其他文娱用品制造	0.330
第五位	金属结构制造	0.330	其他烟草加工	0.313

续表

年份	1998			
排名	产业名称	$\omega_{j\leftarrow}$	产业名称	$\omega_{j\rightarrow}$
第六位	建筑用金属制品	0.320	煤气生产	0.307
第七位	纸浆制造	0.315	橡胶靴鞋制造	0.305
第八位	电子测量仪器制造	0.312	塑料零件制造	0.303
第九位	日用化学产品制造	0.305	制革	0.302
第十位	人造原油生产	0.300	电气机械修理	0.300
年份	2013			
排名	产业名称	$\omega_{j\leftarrow}$	产业名称	$\omega_{j\rightarrow}$
第一位	集装箱及金属包装容器制造	0.463	金属制品修理	0.511
第二位	计算机制造	0.458	炼焦	0.505
第三位	电子元件制造	0.429	电车制造	0.502
第四位	文化、办公用机械制造	0.426	纤维素纤维原料及纤维制造	0.477
第五位	毛纺织及染整精加工	0.422	石油开采	0.468
第六位	电子器件制造	0.418	金属丝绳及其制品制造	0.468
第七位	专用化学产品制造	0.414	其他黑色金属矿采选	0.465
第八位	钢压延加工	0.407	铁路运输设备制造	0.465
第九位	非公路休闲车及零配件制造	0.400	化学矿开采	0.457
第十位	机织服装制造	0.395	烟煤和无烟煤开采洗选	0.456

2. 基于劳动力池视角的产业空间分析

图 4-4 绘制了 1998 年和 2013 年长三角城市群劳动力池视角下的产业空间全貌对比图。从这一全貌图中可以分辨出产业吸纳就业人口的能力和网络中的产业作用关系。在 1998 年的全貌图中，可以发现纺织服装业在整体产业空间中的重要节点作用，在纺织服装业及相关附属产业共同构成的产业空间核心中，化学制品业与金属制品业的就业吸纳能力较弱。2013 年的产业空间全貌图中，纺织服装业的就业吸纳能力仍然非常突出，但是其在空间网络中的作用显著下降，机械与设备制造业、金属制品制造业和化学制品制造业形成的网络新核心显然将纺织服装业至于核心的外围，纺织服装业更多进行内部的空间互动，跨产业的互动能力开始下降。

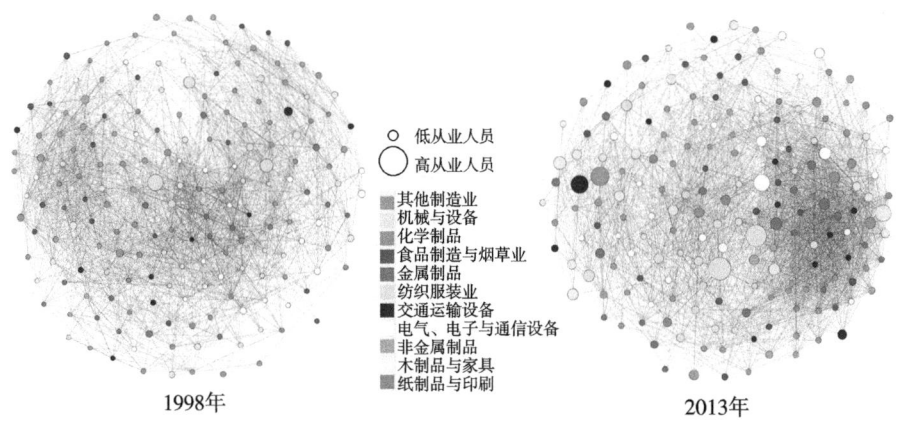

图 4-4　基于劳动力池视角的长江三角洲城市群产业结构演化对比

资料来源：笔者绘制。

表 4-6 展示了 1998 年和 2013 年基于劳动力就业的双向空间密度三位数行业排名情况，1998 年长三角城市群产业空间就业密度 $\omega_{j\leftarrow}$ 前十位产业与产业空间规模密度 $\omega_{j\rightarrow}$ 前十位产业大体相似，主要的不同点在于产业空间就业密度前十名中未见化学制品相关产业；产业空间就业密度 $\omega_{j\leftarrow}$ 前十位产业与产业空间规模密度 $\omega_{j\rightarrow}$ 前十位产业的分布基本一致，也是主要集中在日用品和橡胶制品制造等劳动密集型产业领域。同样，整体来说产业空间就业密度 $\omega_{j\leftarrow}$ 整体高于 $\omega_{j\rightarrow}$。2013 年长三角城市群产业空间密度 $\omega_{j\leftarrow}$ 前十位产业集中在纺织服装、机械制造、金属制品和电子信息制造领域；产业空间规模密度 $\omega_{j\rightarrow}$ 前十位产业集中在能源开采和中间原料制造等领域，与规模密度的分布一致。上述转变的可能原因是劳动力供给的下降，使产业对于劳动力池的需求上升，在长三角地区特别是纺织、化工、机械设备等行业通过产业空间关联获取多样化的劳动力储备。

表 4-6　1998 年和 2013 年长江三角洲城市群从业人数双向空间密度产业排名

年份	1998				
排名	产业名称	$\omega_{j\leftarrow}$	产业名称	$\omega_{j\rightarrow}$	
第一位	其他电子设备制造	0.393	游艺器材制造	0.359	
第二位	体育用品制造	0.387	塑料鞋制造	0.353	
第三位	纸浆制造	0.322	煤气生产	0.344	
第四位	集装箱和金属包装物品制造	0.313	其他烟草加工	0.339	
第五位	金属结构制造	0.309	木材采运	0.339	

续表

年份	1998			
排名	产业名称	$\omega_{j\leftarrow}$	产业名称	$\omega_{j\rightarrow}$
第六位	建筑用金属制品	0.299	电气机械修理	0.335
第七位	棉纺织	0.285	乐器及其他文娱用品制造	0.332
第八位	电子测量仪器制造	0.274	轻有色金属矿采选	0.327
第九位	玻璃及玻璃制品	0.268	钟表制造	0.327
第十位	其他交通运输设备制造	0.267	电车制造	0.323
年份	2013			
排名	产业名称	$\omega_{j\leftarrow}$	产业名称	$\omega_{j\rightarrow}$
第一位	毛纺织及染整精加工	0.433	金属制品修理	0.476
第二位	文化、办公用机械制造	0.421	炼焦	0.471
第三位	机织服装制造	0.402	电车制造	0.460
第四位	集装箱及金属包装容器制造	0.383	其他黑色金属矿采选	0.458
第五位	印刷	0.382	石油开采	0.447
第六位	钢压延加工	0.382	采盐	0.442
第七位	非公路休闲车及零配件制造	0.380	化学矿开采	0.442
第八位	电子元件制造	0.378	纸浆制造	0.435
第九位	通用零部件制造	0.363	制糖业	0.432
第十位	合成纤维制造	0.361	烟煤和无烟煤开采洗选	0.432

3. 基于研发创新视角的产业空间分析

图 4-5 绘制了1998 年和 2013 年长三角城市群创新投入视角下的产业空间全貌对比图。从这一全貌图中可以判断出产业创新能力水平和网络中的产业作用关系。1998 年的全貌图中，可以发现全网络的创新水平都处于较低的水平，相对突出的交通运输设备制造业的相关产业在网络中的位置也非常边缘。而在 2013 年的产业空间全貌图中，网络整体水平显著提高，并且演化出了多中心创新发展格局。除了机械与设备制造、化学制品与金属制品制造业形成的大型创新子网络，以交通运输设备制造业为核心在整体网络边缘上构建了多个小型的创新子网络。

表 4-7 展示了 1998 年和 2013 年基于创新水平的双向空间密度三位数行业排名情况。对整体密度水平进行纵向比较可以发现，创新投入被共聚的密度水平随着时间推移显著下降，而向别人共聚的水平略微提高，说明长三角城市群高研发投入的

产业向其他产业共聚的倾向下降，高技术产业与低投入产业隔离，而相反的情况是低研发投入的产业向高研发投入产业共聚的意愿提高。从整体产业分布的变化上来看，被共聚的产业从劳动密集型产业转变为技术密集型产业，而向别人共聚的产业的趋势与规模密度、就业密度一致，高密度产业从轻工业转变为能源产业。

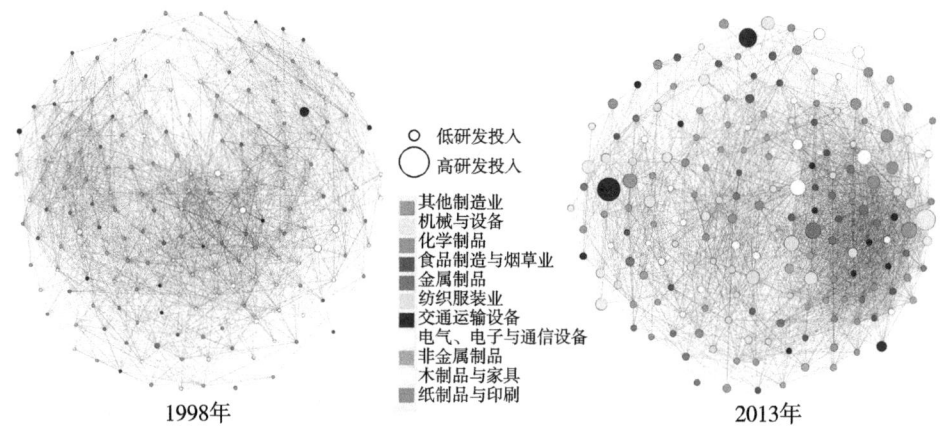

○　低研发投入
◯　高研发投入

■　其他制造业
■　机械与设备
■　化学制品
■　食品制造与烟草业
■　金属制品
■　纺织服装业
●　交通运输设备
　　电气、电子与通信设备
■　非金属制品
　　木制品与家具
■　纸制品与印刷

1998年　　　　　　　　　　　　　2013年

图4-5　基于研发创新视角的长江三角洲城市群产业结构演化对比

资料来源：笔者绘制。

表4-7　1998年和2013年长江三角洲城市群科研投入双向空间密度产业排名

年份	1998			
排名	产业名称	$\omega_{j\leftarrow}$	产业名称	$\omega_{j\rightarrow}$
第一位	体育用品制造	0.501	钟表制造	0.455
第二位	其他电子设备制造	0.460	游艺器材制造	0.449
第三位	建筑用金属制品	0.452	乐器及其他文娱用品制造	0.414
第四位	集装箱和金属包装物品制造	0.421	记录媒介的复制	0.410
第五位	其他类文教体育用品制造	0.409	塑料零件制造	0.390
第六位	电子测量仪器制造	0.400	贵金属冶炼	0.387
第七位	服装制造	0.380	其他烟草加工	0.383
第八位	其他交通运输设备制造	0.369	通信设备制造	0.372
第九位	人造原油生产	0.367	煤气生产	0.368
第十位	日用化学产品制造	0.356	电子计算机制造	0.367

续表

年份	2013			
排名	产业名称	$\omega_{i\leftarrow}$	产业名称	$\omega_{j\rightarrow}$
第一位	集装箱及金属包装容器制造	0.430	金属制品修理	0.461
第二位	电子器件制造	0.429	炼焦	0.450
第三位	计算机制造	0.427	石油开采	0.445
第四位	非公路休闲车及零配件制造	0.397	铁路运输设备制造	0.436
第五位	文化、办公用机械制造	0.394	电车制造	0.434
第六位	电子元件制造	0.381	烟煤和无烟煤开采洗选	0.429
第七位	专用化学产品制造	0.377	化学矿开采	0.428
第八位	乳制品制造	0.369	城市轨道交通设备制造	0.426
第九位	其他通用设备制造业	0.359	采矿、冶金、建筑专用设备	0.422
第十位	广播电视设备制造	0.357	肥料制造	0.419

第五节　本章小结

本章通过文献综述厘清了目前在产业体系框架下研究产业关联的主流方法，并通过理论借鉴创新性地定义了产业空间的概念并阐释其内涵。特定空间尺度下全部产业间的矢量空间邻近联系构成了复杂的产业空间网络，这一反映产业空间关联全貌的复杂网络被定义为"产业空间"，这一复杂网络通过产业间具备方向性的产业地理空间关联描绘空间下的产业体系。产业空间可以直观地展示产业间的空间关联关系，通过复杂网络可以进一步构建基于规模、劳动力池与科技创新维度的密度指标。为了进一步说明产业空间概念的内涵，本书基于企业空间大数据，描绘了长江三角洲城市群 1998~2013 年产业空间的结构形态与演变趋势。从总体上来看，长三角产业空间结构经历先趋于紧密后趋于分散的倒"U"型过程，2008 年前后是空间结构趋势转变的拐点。从产业空间的结构形态上来看，长三角地区支柱产业呈现多元化发展趋势，支柱产业向高质量、高技术产业转变，表明区域内产业内部结构优化特征。进一步地，本书从劳动力池、技术溢出及规模效应的角度分析产业空间结构差异及演变趋势，发现劳动力密集型支柱产业在网络中的地位逐步下降，技术密集型支柱产业与规模经济支柱产业在网络中的地位逐步提升。

第五章

城市群产业共聚的
生产率绩效研究

　　在第三章与第四章，本书提出了基于机器学习算法的中国城市群产业空间共聚的测度方法与产业空间的复杂网络分析框架。从这一章开始，本书开始关注产业间分布的关联性带来的经济增长绩效。本章将提出城市群空间中产业经济活动空间分布的静态分析模型框架，结合理论模型提出合理假设，通过对企业全要素生产率的测度考察生产率绩效，并进一步通过实证分析研究产业空间共聚的影响对微观企业生产率的影响。

第一节　引言

　　产业集聚作为产业经济学中经典的话题，其发轫与 Marshall（1890）提出的三大驱动力，经过 100 多年的发展，已经形成多个分支的研究。学界普遍认为，产业集聚能够通过地理临近产生的正外部性影响微观企业的技术水平，进而影响其企业的生产效率和成长发展水平（范建勇等，2014）。赵伟和张萃（2008）认为，产业内空间集聚会通过促进技术效率来提高全要素生产率；王燕和徐妍（2012）则通过 EG 集聚指数的测算，通过门槛回归研究了产业集聚对全要素生产率之间的影响关系，发现集聚主要促进技术进步而非技术效率，集聚的规模存在最佳边界。本书的中心研究对象产业共聚是跨产业间的空间互动，身处行业中的企业能够从产业共聚的过程中获得多大溢出效应？本章将从一个新颖的理论框架模型出发，为产业间跨产业的实证提供理论依据，然后从微观层面考察企业的全要素生产率如何受到产业空间网络复杂的交互影响。本章安排如下，第二部分将介绍一个跨产业间溢出对技术效率影响的理论框架，然后基于模型分析开展产业共聚对微观企业全要素生产率的影响实证检验，并对地区异质性、产业技术水平异质性展开分析。

第二节　模型分析

　　本章将开展城市群空间中产业经济活动空间分布的模型静态分析。假定经济体内由许多城市群（标记为 $c=\{1, 2, 3, \cdots, C\}$），这些城市群中存在许多产业

（标记为 $j=\{1，2，3，\cdots，J\}$），每个产业只生产一种最终商品，标号为 j。

消费者个体不存在异质性，最终商品的消费量为 D_t，相应的价格水平为 P_t，通过不变替代弹性函数（CES）可以将上述变量表示为：

$$D_t = \left(\sum r_{jt} x_{jt}^{\frac{\sigma-1}{\sigma}} \right)^{\frac{\sigma}{\sigma-1}} \tag{5-1}$$

$$P_t = \left(\sum r_{jt}^{\sigma} p_{jt}^{1-\sigma} \right)^{\frac{1}{1-\sigma}} \tag{5-2}$$

其中，x_{jt} 表示商品 j 的消费数量；r_{jt} 表示跨时间的偏好参数，该参数决定了不同商品之间的消费者偏好；p_{jt} 表示最终消费者支付的商品 j 的价格；σ 表示最终商品的偏好系数，为常数。由此可得，任何一种商品的总需求为：

$$x_{jt} = D_t P_t^{\sigma} p_{jt}^{-\sigma} r_{jt}^{\sigma} \tag{5-3}$$

进一步假设每个产业中都是由完全竞争的企业组成的，企业标记为 $i=\{1，2，3，\cdots，I\}$，在 j 行业中的每一个 i 企业的生产均是由下式决定：

$$x_{jcit} = A_{jct} L_{jcit}^{\alpha} R_{jcit}^{1-\alpha} \tag{5-4}$$

其中，A_{jct} 表示技术，L_{jcit} 表示企业的劳动投入，R_{jcit} 表示企业其他的资源投入。模型中 A_{jct} 的设定说明了技术进步不仅对城市群区域内某一家企业产生影响，而是对企业所在的产业产生整体影响，在城市群 c 中的产业 j 内，企业可以很容易地获取其他企业的信息，但是跨城市群的信息流动是非常缓慢的，这与前文讨论的城市群的空间范围选择是呼应的，城市群间的缓冲城市和山川河流等地理阻隔使城市群区域间更近似一个个"孤岛"。模型中的资源投入是地理固定的，因此可以设定 $\sum_i R_{jcit} = \overline{R}_{jc}$。

进一步设定企业的目标函数为：

$$\max_{L_{jcit}, R_{jcit}} P_{jt} A_{jt} L_{jcit}^{\alpha} R_{jcit}^{1-\alpha} - w_t \lambda_{ct} L_{jcit} - r_{jct} R_{jcit} \tag{5-5}$$

其中，w_t 表示外生给定的价格，λ_{ct} 表示城市群的特征系数。Glaeser 等（1992）假定劳动力可以在区域内无成本的流动并达到空间均衡，从长期来看，这一设定是合理的，区域内总体的劳动供给依赖外生给定的工资水平 w_t，在这一条件下，可以理解为一个越成功的城市群其技术水平增长越快，就会经历更快的人口增长。为了进一步考虑企业的雇佣成本受到城市群特征要素的影响，诸如城市群的房价水平、城市体系的质量和基础设施水平等一系列要素会正向影响工资水平，因此设定 $\lambda_{ct} > 0$。

对目标函数求导，并将城市群中的企业按产业分类加总，进而可以得到在城市群 c 的产业 j 的就业水平的表达式为：

$$L_{jct} = A_{jct}^{\frac{1}{1-\alpha}} p_{jt}^{\frac{1}{1-\alpha}} \left(\frac{\alpha}{w_t \lambda_{ct}}\right)^{\frac{1}{1-\alpha}} \overline{R}_{jc} \tag{5-6}$$

进一步转化可以得出在城市群下技术水平与产业就业规模之间的表达式为：

$$A_{jct} = \frac{\overline{w}_t \lambda_{ct}}{\alpha p_{jt}} \left(\frac{L_{jct}}{\overline{R}_{jc}}\right)^{1-\alpha} \tag{5-7}$$

从式（5-7）中可以发现，城市群产业 j 的技术进步率与产业就业规模之间存在正向关系。为保证市场出清，在封闭经济体内收入等于支出，即：

$$D_t P_t = \overline{w}_t \sum_c \lambda_{ct} \sum_i L_{jct} + \sum_i \sum_c r_{jct} \overline{R}_{jc} \tag{5-8}$$

通过一阶导数，结合式（5-6）可以得出封闭经济体中技术水平的解为：

$$A_{jct} = \left(\frac{\alpha}{w_t}\right)^{\frac{\alpha}{\alpha\sigma-\sigma-\alpha}} \left(\sum_c p_{jt}^{\frac{1}{1-\alpha}} \overline{R}_{jc} \lambda_{ct}^{\frac{\alpha}{\alpha-1}}\right)^{\frac{1-\alpha}{\alpha\sigma-\alpha-\sigma}} \left(D_t P_t^{\sigma}\right)^{\frac{\alpha-1}{\alpha\sigma-\alpha-\sigma}} \gamma_{jt}^{\frac{\sigma(\alpha-1)}{\alpha\sigma-\alpha-\sigma}} \tag{5-9}$$

从式（5-9）可以看出，城市群产业 j 的技术水平除了受到产业就业水平的影响之外，还受到市场价格水平 p_{jt}、城市群特征系数 λ_{ct} 和商品跨时间的偏好系数 γ_{jt} 的影响。

在此基础上，基于 Glaeser 等（1992）的设定，将城市群中跨期的产业技术进步表示为：

$$\ln\left(\frac{A_{jct+1}}{A_{jct}}\right) = S_{jct} + \varepsilon_{jct} \tag{5-10}$$

Hanlon 和 Miscio（2017）在其研究中将 S_{jct} 进一步解释为产业内溢出、跨产业溢出、国家层面产业技术进步和城市区域集聚溢出对产业技术进步的综合影响效应，在本书的研究中，研究的重点为跨产业的溢出，参照 Hanlon 和 Miscio（2017）的做法，打开跨产业溢出的"黑箱"，将式（5-10）进一步简化，即技术进步是就业的线性函数，可得：

$$S_{jct} = \tau_{jct} \sum_k \phi_{k \leftrightarrow j} \max(\ln(L_{kct}), 0) + \xi_{jt} + \psi_{ct} \tag{5-11}$$

其中，ξ_{jt} 表示产业内的溢出效应，ψ_{ct} 表示城市群区域内溢出效应，$\phi_{k \leftrightarrow j}$ 表示产业 k 与产业 j 空间互动产生技术溢出的综合效应，这一公式具有诸多较为合理的特性：①如果 k 产业在本地没有就业，那么产业 k 对产业 j 没有技术贡献；②如果

$\phi_{k\leftrightarrow j}=0$，那么产业 k 对产业 j 也没有技术贡献；③就业每增加一单位的边际收益递减。本书测度的产业间共聚指数与公式中的 $\phi_{k\leftrightarrow j}$ 的交互关系直接对应，τ_{jct} 表示区域内所有产业综合效应对产业 j 影响的强度，这是本章与下一章实证重点探讨的话题。同时，由于产业共聚指数双向效应的存在，本书可以进一步拓展 Hanlon 和 Miscio（2017）研究的内涵，讨论不同产业间互补的技术溢出效应。

第三节　实证策略与数据介绍

技术进步一大特征是生产率绩效的提升，学术界广泛使用全要素生产率（TFP）衡量一个地区产业内部企业的技术进步。对于全要素生产率的计算方式，本章借鉴杨汝岱（2015）的做法，考虑中国工业企业数据库的数据实际，采用 LP 方法进行度量。

本章主要从企业层面考察本章第二节式（5-11）中产业共聚带来的跨产业溢出效应的微观机制，策略是考察企业所在行业受到产业空间网络的溢出机制，本章建立以下的经验回归模型：

$$TFP_{jcit} = \alpha + \beta_1 net\_outward\_L_{jct} + \beta_2 X_{jcit} + \beta_3 X_{jct} + \varepsilon_j + \xi_{jcit} + u_i + v_t$$

$$（5-12）$$

$$net\_outward\_L_{jct} = \sum L_{kct}\phi_{k\leftarrow j}, \qquad \phi_{k\leftarrow j} = \begin{cases} 1, & Coagg_{k,j} \geqslant 0.95 \\ 0, & Coagg_{k,j} < 0.95 \end{cases}$$

$$TFP_{jcit} = \alpha + \beta_1 net\_inward\_L_{jct} + \beta_2 X_{jcit} + \beta_3 X_{jct} + \varepsilon_j + \xi_{jcit} + u_i + v_t$$

$$（5-13）$$

$$net\_inward\_L_{jct} = \sum L_{kct}\phi_{k\rightarrow j}, \qquad \phi_{k\rightarrow j} = \begin{cases} 1, & Coagg_{k,j} \geqslant 0.95 \\ 0, & Coagg_{k,j} < 0.95 \end{cases}$$

其中，TFP_{jcit} 表示城市群 c 产业 j 中 i 企业在 t 时刻的全要素生产率，α 表示常数项，ε_j 表示产业 j 的随机误差项，ξ_{jcit} 表示企业 i 的随机误差项，u_i 和 v_t 分别表示个体不可观测的异质性和随时间推移变化的不可观测因素。式（5-12）测度企业 i 在城市群 c 空间尺度下受到其主动空间共聚（outward）的产业 k 的综合溢出效应；式（5-12）测度企业 i 在城市群 c 空间尺度下受到向其空间共聚（inward）的产业 k 的综合溢出效应。X_{jcit} 表示企业 i 相关的控制变量，X_{jct} 表示产业 j 相关的控制变量。以上数据均基于《中国工业企业数据库》（1998~2007）获取与计算所得，并且对所有指标均进行对数化处理。本章实证使用变量的描述性统计如表 5-1 所示。

表 5-1　产业共聚—生产率绩效实证描述性统计

	均值	标准差	最小值	最大值
TFP_{jcit}（对数）	4.696	1.067	−5.044	12.73
$net\_outward\_L_{jct}$（对数）	13.435	1.910	0	16.366
$net\_inward\_L_{jct}$（对数）	12.925	3.103	0	16.432
L_{jcit}（对数）	4.708	1.096	2.197	12.15
Age_{jcit}（对数）	1.885	0.956	0	7.604
$Laborpool_{jct}$（对数）	11.02	1.702	1.609	14.65

资料来源：笔者计算。

第四节　实证结果分析

一、基准分析

表 5-2 汇报了企业全要素生产率受到产业空间共聚两个方向的影响效应。表 5-2 中的第（1）~ 第（3）列的结果考察等式（5-12）的效应，第（1）列为基准回归，未对固定效应进行控制，也未进行聚类，可以看到系数为 0.014，且在 1% 的显著性水平下显著，参照理论模型的假设，需要进一步控制城市群的技术进步和产业内知识溢出对企业生产效率的影响。第（2）列汇报了在控制了城市群与三位数产业固定效应，并且聚类到年份乘以城市群层面的回归结果，可以发现产业空间"向共聚"带来的溢出效应对企业的生产率在 1% 的显著性水平下显著为正，且系数达到了 0.047，即企业所在产业向城市群内其他产业空间共聚的水平每提高 1%，产业内企业获得的全要素生产率水平平均提升 4.7%。在加入控制变量后。第（3）列的系数也在 1% 的水平下显著，达到了 0.053。表中的 4-6 列的结果考察了等式（5-13）的效应。第（4）列汇报了基准回归，系数为 0.009，在 1% 的显著水平下显著。第（5）列进一步控制城市群与三位数行业固定效应，并且在年份乘以城市群层面聚类可以发现产业空间"被共聚"带来的溢出效应对企业的生产率在 1% 的显著性水平下显著为正，系数为 0.015，这表明企业所在的产业被城市群其他产业空间共聚水平每提高 1%，产业内企业的全要素生产率水平平均提高 1.5%。在加入控制变量后，其系数没有发生显著变化。通过比较第（3）列与第（6）列的结果，可以发现，企业所在产业向其他产业空间共聚带来的技术外溢水平显著高于

被其他产业空间共聚带来的技术外溢水平。

表5-2　产业共聚对生产率绩效影响效应实证基准回归

	向共聚			被共聚		
	（1）	（2）	（3）	（4）	（5）	（6）
Doutput_net_outward	0.014***	0.047***	0.053***			
	（17.99）	（3.26）	（3.71）			
Doutput_net_inward				0.009***	0.015***	0.015***
				（17.95）	（4.46）	（4.63）
Labori			0.263***			0.263***
			（29.50）			（28.58）
Agei			−0.037*			−0.038**
			（−1.95）			（−2.01）
Industry laborpool			0.009			0.006
			（0.50）			（0.29）
常数项	4.501***	4.056***	2.704***	4.580***	4.500***	3.273***
	（410.56）	（18.81）	（7.98）	（690.72）	（74.20）	（14.85）
观察值	549700	549700	549700	549700	549700	549700
R^2	0.001	0.041	0.107	0.001	0.040	0.105
城市群固定效应	NO	YES	YES	NO	YES	YES
三位数产业固定效应	NO	YES	YES	NO	YES	YES
年份#城市群聚类	NO	YES	YES	NO	YES	YES

注：*、**、***分别表示10%、5%和1%的显著性水平。括号内为t值。
资料来源：笔者利用STATA软件计算。

从结果上来看，与前人基于产业集聚带来的企业技术进步的结果是一致的，结果也是符合经济学直觉的。与产业集聚所不同的是，产业共聚是企业获取整个产业网络带来的基于地理临近的正外部性，可能通过技术研发人员的技术交流、生产工人之间的技术总结以及劳动力市场的相互融合带来的产业空间网络的溢出效应。同时，基于"向共聚"与"被共聚"的差异性结果来看，跨产业间的地理临近基于"学习倾向"的主动靠近是能够带来较强的正外部性，不过，对于被靠近的那些产业内部的企业来说，虽然这种正向影响效应相对较弱，但是这种地理临近仍然能够带来一定的技术溢出，可以理解为跨产业间的空间共聚能够引致网络内部的产业间的相互学习，共同发展，实现基于生产效率提升层面的"双赢"效果。

二、稳健性检验

为了验证实证结果的稳健性，本章将从三个方面对上述的实证结果开展稳健性检验：①分别调整产业共聚指数假设检验的门槛标准，从统计学的标准上来说，95%是一个介于中间的置信度标准，90%和99%的标准也是统计数中较为常用的两个置信度，因此第一种稳健性检验是将假设检验的门槛值分别进行放宽和收紧两个方向的检验；②使用第四章中计算产业空间密度的指标来替代核心解释变量；③使用基于工业总产值的产业空间共聚指标来替代核心解释变量。

首先，将产业共聚指数的置信度检验门槛值由95%分别调整为90%和99%，这使式（5–12）和式（5–13）中的核心解释变量 $net\_outward\_L_{jct}$ 和 $net\_inward\_L_{jct}$ 的计算条件在90%的条件下放宽，在99%的条件下收紧，表5–3中的第（1）~第（2）列汇报了企业受到"向共聚"产业溢出的技术进步影响效应的稳健性结果，可以发现，在90%条件下系数变大，在99%条件下系数变小，且均在1%的显著水平下显著。第（5）~第（6）列汇报了企业受到"被共聚"产业溢出的技术进步影响效的稳健性结果，其稳健性与"向共聚"方向保持了一致。

其次，使用密度指标来替代核心解释变量，这里的密度指的是在各个区域空间下所有一个产业"被共聚"和"向共聚"两个方向上显著的产业就业水平占整个产业空间劳动力池的比例，其构建方式如式（5–14）和式（5–15）所示，表5–3中的第（3）列和第（7）列分别汇报了"向共聚"和"被共聚"两个方向上的企业受到跨产业空间共聚的溢出技术进步影响效应，由于密度计算使核心指标的整体均值水平下降，因此这一稳健性检验下系数产生了一定的膨胀效应，但两者均通过的1%的显著性水平检验，同时"向共聚"的效应高于"被共聚"效应这一情形仍然存在。

$$L_{jct}\_\omega_{j\rightarrow} = \frac{\sum_k L_{kct}\phi_{j\rightarrow k}}{\sum_k L_{kct}} \tag{5–14}$$

$$L_{jct}\_\omega_{j\leftarrow} = \frac{\sum_k L_{kct}\phi_{j\leftarrow k}}{\sum_k L_{kct}} \tag{5–15}$$

最后，使用工业总产值指标替代就业水平计算核心解释变量，从表5–3的第（4）列和第（8）列的结果可以看出，在这一水平下的结果依然在1%的显著水平下显著。综合以上三个稳健性策略的结果，可以确认这一实证结果的影响效应是稳健且可靠的。

表 5-3　产业共聚对生产率绩效影响效应稳健性检验结果

	向共聚			
	（1）	（2）	（3）	（4）
$net\_outward\_L_{jct}$（threshold 90%）	0.075***（3.66）			
$net\_outward\_L_{jct}$（threshold 99%）		0.021***（5.58）		
$L_{jct}\_\omega_{j\rightarrow}$			0.637***（6.35）	
$net\_outward\_output$				0.091***（4.61）
Labori	0.264***（29.67）	0.263***（28.78）	0.263***（29.18）	0.266***（32.40）
Agei	−0.036*（−1.93）	−0.037*（−1.97）	−0.038*（−1.99）	−0.037**（−2.05）
Industry labor	0.007（0.40）	0.012（0.60）	0.010（0.50）	0.012（0.75）
常数项	2.410***（5.55）	3.132***（13.50）	3.319***（16.46）	1.627***（3.95）
观察值	549700	549700	549700	549700
R^2	0.107	0.106	0.107	0.116
城市群固定效应	YES	YES	YES	YES
三位数产业固定效应	YES	YES	YES	YES
年份 # 城市群聚类	YES	YES	YES	YES
	被共聚			
	（5）	（6）	（7）	（8）
$net\_inward\_L_{jct}$（threshold 90%）	0.018***（4.29）			
$net\_inward\_L_{jct}$（threshold 99%）		0.013***（6.15）		
$L_{jct}\_\omega_{j\leftarrow}$			0.364***（5.49）	
$net\_outward\_output$				0.019***（4.86）

续表

	被共聚			
	（5）	（6）	（7）	（8）
Labori	0.263***	0.263***	0.263***	0.263***
	（28.56）	（28.68）	（28.89）	（28.98）
Agei	−0.038**	−0.038**	−0.039**	−0.039**
	（−2.01）	（−2.01）	（−2.03）	（−2.05）
Industry labor	0.006	0.002	−0.000	0.004
	（0.30）	（0.10）	（−0.01）	（0.20）
常数项	3.218***	3.355***	3.471***	3.121***
	（13.85）	（15.92）	（17.79）	（13.80）
观察值	549700	549700	549700	549700
R^2	0.105	0.105	0.105	0.107
城市群固定效应	YES	YES	YES	YES
三位数产业固定效应	YES	YES	YES	YES
年份 # 城市群聚类	YES	YES	YES	YES

注：*、**、*** 分别表示 10%、5% 和 1% 的显著性水平。括号内为 t 值。

资料来源：笔者利用 STATA 软件计算。

三、内生性检验

本章以上的分析，都是在假定企业受到的产业空间网络基于地理空间分布相似性带来的产业溢出效应是外生的情况下讨论的，本书认为这一假定是合适的。但是为了排查内生性对本章核心结论的影响，本章对核心解释变量的滞后三期数据作为工具变量开展内生性检验。

表 5-4 报告了相应的两阶段最小二乘法（2SLS）估计结果。从中可知，四个回归中的 Kleibergen-Paap rk LM 检验均在 1% 水平上拒绝了工具变量识别不足的零假设，Kleibergen-Paap Wald rk F 统计量大于 Stock-Yogo 检验 10% 水平上的临界值，拒绝了工具变量是弱识别的原假定，这些表明工具变量与潜在的内生变量之间具有较强的相关性。综上而言，本书选取的工具变量是较为合理的，表 5-4 中各个模型的估计结果是可取的。结果显示，即使考虑了可能存在的内生性问题，企业仍然显著地受到产业空间网络从"向共聚"与"被共聚"两个方向上的技术溢出影响，且第二阶段的系数膨胀在可接受范围内，本章的核心结论依旧成立。

表 5-4　产业共聚对生产率绩效影响效应工具变量回归结果

	第一阶段	第二阶段	第一阶段	第二阶段
$net\_outward\_L_{jct}$		0.283*** （5.43）		
$net\_outward\_L_{jct}$ 滞后三期数据	0.325*** （5.27）			
$net\_inward\_L_{jct}$				0.128** （3.70）
$net\_inward\_L_{jct}$ 滞后三期数据			0.175*** （5.42）	
控制变量	Yes	Yes	Yes	Yes
城市群固定效应	Yes	Yes	Yes	Yes
三位数产业固定效应	Yes	Yes	Yes	Yes
Kleibergen–Paap rk LM Statistic	10.08***		17.54***	
第一阶段 F 值	27.76		29.40	

注：**、*** 分别表示 5% 和 1% 的显著性水平。括号内为 t 值。

资料来源：笔者利用 STATA 软件计算。

四、异质性分析

中国的城市群在区域间的发展较为不平衡，企业在东、中、西部的城市群中受到的生产率绩效是否存在差异？同时产业间技术水平也存在显著差异，那么企业归属不同技术水平的产业是否会受到差异性的产业空间溢出效应影响呢？这一小节将分别探讨地区差异性与产业差异性对本章研究主题的异质性影响。

1. 地区间的异质性

按照城市群所属的地区将 21 个城市群划分为东、中、西三个区域。表 5-5 报告了分属"东中西"部城市群的分组回归结果，可以发现，在"向共聚"方向上，东中西的企业生产率均受到向其他产业共聚的产业空间网络综合效应的显著正向影响；在"被共聚"方向上，东部、中部和西部的城市群内部企业也均受到了在产业空间中被其他产业共聚带来的显著正向的生产率溢出影响。考虑到拆分样本带来的系数不可比，本书采用地区交叉项的方式考察区域差异性带来的影响强弱，表 5-6 报告了分属东中西地区的城市群的企业在"向共聚"和"被共聚"两个方向上受到跨产业溢出效应的影响强弱比较结果。表 5-6 中的第（1）列和第（3）列与基准回归表 5-2 中的控制多重固定效应与聚类方式的结果一致作为参照。对于"向共聚"空间产业网络的外溢效应的影响，表 5-6 中的第（2）列汇报了东中西的效应差异，可以发现东部的系数为 0.049，且在 1% 的显著水平下显著，这一系数略低于全部地区的总体效应 0.053。中部地区和西部地区的交叉项系数均为 0.025 且显著，这说明中部地区和西部地区的影响系数显著高于东部，加总效应均达到了 0.074。表 5-5 中的第（4）列汇报了"被共聚"带来的企业生产效率绩效提升差异，可以发现东部地区的效应为 0.016，通过了 1% 显著性水平，略高于全部地区的影响水平，而中部交乘项系数不显著，这说明其与东部地区不存在显著差异，影响效应系数也为 0.016，而西部的交叉项系数在 10% 的显著水平下显著低于东部地区，影响效应为 0.013，低于全部样本水平。结合表 5-5 和表 5-6 的结果，从地区异质性水平分析结果来看，企业在各个地区均受到产业共聚网络的双向显著正向影响，产业空间共聚的方向性的地区异质性存在显著差异，"向共聚"水平影响效应上"东弱中西强"，而"被共聚"水平影响效应上"东中强西弱"。

表 5-5 产业共聚对生产率绩效影响效应地区异质性分组回归结果

	（1）	（2）	（3）	（4）	（5）	（6）
	向共聚			被共聚		
	东部地区	中部地区	西部地区	东部地区	中部地区	西部地区
$net\_outward\_L_{jct}$	0.054*** （33.05）	0.069*** （13.52）	0.083*** （10.13）			
$net\_inward\_L_{jct}$				0.017*** （18.64）	0.011*** （7.11）	0.012*** （5.44）
控制变量	YES	YES	YES	YES	YES	YES
观察值	440709	69119	39869	440709	69119	39869
城市群固定效应	YES	YES	YES	YES	YES	YES
三位数产业固定效应	YES	YES	YES	YES	YES	YES
年份#城市群聚类	YES	YES	YES	YES	YES	YES

注：*** 表示 1% 的显著性水平。括号内为 t 值。

资料来源：笔者利用 STATA 软件计算。

表 5-6　产业共聚对生产率绩效影响效应地区异质性效应强弱比较

	向共聚		被共聚	
	全部地区	分地区	全部地区	分地区
	（1）	（2）	（3）	（4）
$net\_outward\_L_{jct}$	0.053***			
	(3.71)			
$net\_outward\_L_{jct}\_East$		0.049***		
		(31.26)		
$net\_outward\_L_{jct}\times Central$		0.025***		
		(3.78)		
$net\_outward\_L_{jct}\times West$		0.025***		
		(5.06)		
$net\_inward\_L_{jct}$			0.015***	
			(4.63)	
$net\_inward\_L_{jct}\_East$				0.016***
				(18.38)
$net\_inward\_L_{jct}\times Central$				−0.003
				(−1.35)
$net\_inward\_L_{jct}\times West$				−0.003*
				(−1.73)
控制变量	YES	YES	YES	YES
观察值	549700	549700	549700	549700
城市群固定效应	YES	YES	YES	YES
三位数产业固定效应	YES	YES	YES	YES
年份 # 城市群聚类	YES	YES	YES	YES

注：*、*** 分别表示 10% 和 1% 的显著性水平。括号内为 t 值。

资料来源：笔者利用 STATA 软件计算。

2. 产业间的异质性

制造业的不同行业间存在十分明显的特征差别，不同技术水平的生产率差异和产业间通过马歇尔外部性和雅各布外部性带来的影响也与产业技术综合水平的差异存在一定的差异。为了考察不同技术水平产业内的企业生产率受到产业共聚的差异性影响，本章在这一部分探讨了技术水平差异条件下企业生产率受到产业共聚的影响变异。借鉴欧盟统计局对行业技术水平的划分方法，将制造业三位数部门按照技术水平分为低技术行业、中技术行业和高技术行业（具体划分方法见附录八），其中高技术产业以技术密集型产业为主，低技术产业劳动密集型产业为主，中技术产业则是资源密集型产业和劳动密集型产业的混合。表5-7汇报了根据不同技术水平产业受到产业共聚"向共聚"与"被共聚"两个方向上的分组回归结果。从结果可以发现，不同产业技术水平下，"向共聚"和"被共聚"两个方向上的综合产业空间网络效应均显著影响产业内部企业的生产率水平。同样，考虑到拆分样本带来的系数不可比，为了比较不同技术水平下企业生产率受到产业共聚双向影响的强弱水平，表5-8汇报了基于行业分类交叉项回归的行业异质性的结果，同样第（1）列和第（3）列为基准回归结果作为参照。从"向共聚"的行业异质性分析结果来看，高中低三种行业间的企业受到主动空间共聚的产业的影响不存在显著差异。而从"被共聚"的角度来看，高技术产业内企业的技术进步受到被共聚产业空间网络的溢出效应的影响系数为0.018，通过1%显著性水平检验，高于全部产业的影响效应，中技术和低技术产业的影响效应均在5%的显著性水平下低于高技术影响系数0.004，即为0.014。这一结果可以从两个方面解释：①高技术产业被共聚的可能性高于其他类型的产业，②高技术产业在这一过程中受到的技术溢出相对可观，这可能得益于高技术产业人员对于技能、技术和知识溢出的转化效率较高。

表5-7 产业共聚对生产率绩效影响效应技术水平异质性分组回归结果

	（1）	（2）	（3）	（4）	（5）	（6）
	高技术	中技术	低技术	高技术	中技术	低技术
$net\_outward\_L_{jct}$	0.045*** （21.19）	0.050*** （18.99）	0.077*** （24.14）			
$net\_inward\_L_{jct}$				0.019*** （10.97）	0.013*** （11.65）	0.016*** （14.63）
控制变量	YES	YES	YES	YES	YES	YES
观察值	173224	176948	199528	173224	176948	199528
城市群固定效应	YES	YES	YES	YES	YES	YES
三位数产业固定效应	YES	YES	YES	YES	YES	YES
年份#城市群聚类	YES	YES	YES	YES	YES	YES

注：*** 表示1%的显著性水平。括号内为t值。

资料来源：笔者利用STATA软件计算。

表 5-8　产业共聚对生产率绩效影响效应技术异质性效应强弱比较

	向共聚		被共聚	
	全部产业	分技术产业	全部产业	分技术产业
	（1）	（2）	（3）	（4）
$net\_outward\_L_{jct}$	0.053***			
	（3.71）			
$net\_outward\_L_{jct}\_Hightech$		0.052***		
		（27.65）		
$net\_outward\_L_{jct}\times Middletech$		0.003		
		（1.36）		
$net\_outward\_L_{jct}\times Lowtech$		−0.001		
		（−0.62）		
$net\_inward\_L_{jct}$			0.015***	
			（4.63）	
$net\_inward\_L_{jct}\_Hightech$				0.018***
				（13.24）
$net\_inward\_L_{jct}\times Middletech$				−0.004**
				（−2.50）
$net\_inward\_L_{jct}\times Lowtech$				−0.004**
				（−2.39）
控制变量	YES	YES	YES	YES
观察值	549700	549700	549700	549700
城市群固定效应	YES	YES	YES	YES
三位数产业固定效应	YES	YES	YES	YES
年份 # 城市群聚类	YES	YES	YES	YES

注：**、*** 分别表示 5% 和 1% 的显著性水平。括号内为 t 值。
资料来源：笔者利用 STATA 软件计算。

第五节　本章小结

本章着重考察了产业共聚形成的产业空间网络带来的生产率绩效提升效应。通过一个理论框架为生产率技术提升的来源和影响机制做了理论分析，并为实证检验提供了理论基础。基于微观企业的数据，测度企业层面的全要素生产率，随后考察"向共聚"和"被共聚"两个方向上企业的全要素生产率受到产业共聚的影响效应，结果证明企业的生产率在两个方向上均显著受到产业共聚带来的正向外部性的影响，同时"向共聚"的效应显著高于"被共聚"的影响，这一结论通过了稳健性检验，并排除了内生性的影响。同时本章还从地区异质性和产业异质性两个角度讨论了企业生产率绩效提升的差异性，结果发现，产业空间共聚的方向性的地区异质性存在显著差异，"向共聚"水平影响效应上"东弱中西强"，而"被共聚"水平影响效应上"东中强西弱"。在"向共聚"方向上，高技术与中技术、低技术产业间不存在显著差异，而"被共聚"方向上，中技术和低技术产业的影响效应均显著低于高技术影响效应。

第六章

城市群产业共聚的创新绩效研究

——兼议区域产业多样化集群建设路径

党的二十大报告指出："推动形成以创新为主要引领和支撑的经济体系，加快建设创新型国家。深化科技体制改革，完善国家创新体系，强化战略科技力量。加快建设自主创新示范区、国家高新产业开发区、国家自主创新示范基地等创新平台，促进重点领域突破和产业集聚。"当前，中国经济进入新的发展阶段，经济增长缓慢，投资、要素驱动型的增长方式难以持续，产业综合创新水平及其对经济发展的贡献不足等一系列问题突出。因此，中国的产业政策更加注重创新驱动发展，以谋求中国产业体系在新一轮科技革命和产业变革中着力解决制造业大而不强、自主创新能力弱、关键技术核心与高端装备对外依存度高和以企业为主体的创造业创新体系不完善等方面的问题。科技创新是产业高质量发展的必由之路，创新能力的提升是微观企业与中观产业做大做强的共同实现路径。在面临一系列外部风险冲击背景下，调整产业结构体系、优化产业空间布局、促进"产业链—创新链"双链融合和实现产业创新能力提质飞跃是当前中国产业政策的重要任务。

第一节 引言

相关研究表明，具有地理邻近动机的两个产业往往来自不同的二位数或三位数产业（Ellison et al.，2010；陈露等，2020）。中国区域产业结构与空间布局的诞生、成长与演化长期依靠地方政府通过产业工业园区建设、招商引资和产业集群培育等宏观手段加以引导，在强调发展新质生产力和强化产业体系韧性的当下，地方产业集聚或集群化不能再仅仅满足于发展单一产业集群或单一产业工业园区，而是应当依靠多元化产业结构的不断衍生和演化来提升区域整体创新能力和经济活力。例如，在德国、日本等国家，汽车制造业与高新材料产业（如先进金属合金、塑料和电子材料）在地理上的共聚，共同推动了汽车行业的技术发展和创新。在地方晋升竞赛和财政激励效应的驱动下，地方政府通过土地出让、税收优惠、资源价格优惠等各种手段吸引投资，导致经济增长对投资拉动的过度依赖，最终不可避免地出现投资竞争下的重复性建设、产业结构雷同乃至产能严重过剩的局面（席鹏辉等，2017）。在实施产业结构和产业布局政策时，地方政府的产业结构的调整存在诸多主观意志（徐巍等，2023），缺乏客观地针对现有产业体系和产业结构进行合理化设计的依据，这往往是因为地方政府未能有效摸清产业间共聚及其引致的外部性效应规律。因此，厘清跨产业空间共聚的经济绩效外部性规律，研究其对产业经济增长特别是对创新影响的内在机理和机制，对地方政府准确地选择与当地优势相适宜的重点产业，推动集聚效应充分发挥和创新驱动战略有效实施具有重要的现实意义。

本书从跨产业共聚视角出发，实证检验行业地理邻近非本部门的多样化"技术知识池"是否带来知识溢出效应进而提升本行业的创新绩效。特别地，利用产业共聚的方向特征，双向检验产业"主动共聚"形成的技术知识池与"被动共聚"形成的技术知识池的差异化影响，揭示产业多样化的知识溢出机制，克服传统多样化指数检验 Jacobs 外部性的不足。本书的边际贡献主要体现在以下三个方面：①首次通过具备地理邻近的产业共聚指数验证产业间共聚形成的技术知识池对行业创新绩效的影响；②为解决实证检验中的互为因果和遗漏变量问题，本书尝试使用英国产业共聚指数作为工具变量克服因果识别的内生性问题；③从产业间专利引用的视角验证产业间空间共聚的知识溢出微观机制，并从投入产出关联和技术关联验证产业共聚形成的技术知识池对创新绩效提升效应的差异化程度，为中国产业创新的集群式发展路径提供经验依据。

本书余下部分安排如下，第二部分对相关概念与相关研究进行总结，通过文献梳理和理论框架提出本书的研究假设；第三部分阐述本书的实证策略与数据；第四部分实证检验产业共聚形成的技术知识池的双向创新溢出效应，对基本结论开展稳健性检验，同时考察双向共聚的异质性与技术知识池对创新规模与质量的异质性溢出效应；第五部分通过工具变量法克服实证检验的内生性问题；第六部分从专利引用的视角验证产业共聚形成的双向技术知识池对创新提升的微观机制。同时，进一步探讨基于产业共聚基础的投入产出关联与技术关联的差异性创新提升效应，对如何通过产业集群的方式实现产业创新活力与能力的提升路径展开讨论；最后基于本书的研究结论提出了区域产业创新能力提升和区域产业集群建设路径的相关政策建议。

第二节　文献综述与研究假设

一、文献回顾

产业空间集聚是产业分布中被长期观察到的重要特征。产业的空间分布具有集聚与共聚两种主要形式，集聚发生在同产业内部，共聚发生在跨产业间。在传统的认知和测度方法上，集聚与共聚本质上是一致的，即均是微观企业在地理空间上的集中，区别在于这些在空间上邻近的企业是来自相同行业还是来自不同行业。

Jacobs（1969）认为，城市内部产业多样化能够提高区域创新能力和经济活力，这一多样化产业集聚带来的外部性被称为 Jacobs 外部性。该学派认为，不同产业之间的竞争相对较小，通过不同行业之间相互借鉴工艺技术，城市内部产业多样化繁荣能够促进知识的交流和扩散，从而推动区域创新和经济活力。Glaeser 等（1992）对 Jacobs 外部性对创新影响的验证得出了重要结论，他们发现知识溢出主要发生在不同行业之间，而不是同一行业内部，也就是说 Jacobs 外部性比 MAR 外部性更能解释创新现象。国外学者对此进行了很多研究和验证，都证实了城市产业多样化有利于跨行业知识溢出和创新。Paci 和 Usai（1999）则发现，Jacobs 外部性和 MAR 外部性都能促进区域创新，但是 Jacobs 外部性处于大中型城市的高科技行业作用更显著。总的来说，在讨论集聚经济的创新提升效应时，产业间 Jacobs 外部性的创新绩效提升效应普遍被认为是正面积极的。

Krugman（1991）曾经说过："知识穿越走廊要比穿越高速公路更容易"。Jacobs 外部性所强调的"隐性知识"是指模糊、偶然、难以编码的知识，它只能通过直接互动和交流在特定空间范围内传播，这是 Jacobs 外部性和 Marshall 外部性共同认可的地理位置邻近带来知识溢出的理论基础，即地理空间距离是影响知识溢出的最重要因素。Jaffe 等（1993）通过对专利引用的地理位置与被引用专利的地理位置进行比较，实证检验了知识溢出随距离衰减的效应，以证明知识溢出在地理上的局限性。随着互联网与信息技术的不断发展，可编辑的显性知识在空间上分享的障碍似乎正在逐渐下降，但是对于那些广泛存在于制造业研发与生产活动中、同时具有高度复杂性和不确定性的"黏性知识"（Von Hippel，1994）来说，无论是工艺流程的技术更新还是科学研发的重要突破都需要通过员工之间面对面的频繁交流和接触才能被吸收和掌握。Kerr 和 Kominers（2015）从专利引用视角论证了知识溢出随地理距离扩大而衰减。他们认为隐性知识沟通与交换主要发生在极小空间内。因此，空间距离在很大程度上限制了这类知识的扩散。

Baptista 和 Swann（1998）研究企业在产业集群中的创新能力时，提出了"技术知识池"（Knowledge Base/Pool）的概念，这是指企业创新活动所基于的知识类型，向多样化的非本部门的产业集群空间邻近将会形成产业技术知识池。既然地理邻近是 Jacobs 外部性对技术创新提升影响的重要途径，同时这种影响只在小地理空间上有效并存在明显的衰减效应，那么必须进一步讨论当前的 Jacobs 外部性的测度手段在多大程度上体现了产业间的微观地理邻近。对于 Jacobs 外部性的衡量，主流的测度手段主要沿着两个思路发展，一个测度思路是多样化指数，即 Glaeser 等（1992）和 Henderson 等（1995）提出的使用 HHI 指数的倒数对地区产业多样化开展测度的方法，国内学者在多样化测度上也多沿袭了这一思想（范剑勇等，2014；贺灿飞和陈韬，2019），这一方法可以在一定程度上衡量一个城市或一个城市群内部产业相较于其他地区产业的丰富度，具有一定的测度优势。但是，其缺点也是显而易见的，多个产业在空间上聚集在某个城市，并不能说明他们在微观地理上邻近，即无法表征某产业内部的企业在选址时会考虑靠近另一家产业的企业。该指数的测度过于模糊化，产业多样性通过知识溢出机制促进技术创新并不能通过这一指数明确表达出来。另外一个测度思路是两两产业间的共聚指数，通过一对的方式将产业间地理邻近关系加以量化，主要的测度方法有 EG 指数（Ellison & Glaeser，1997）、DO 指数（Duranton & Overman，2008）和 BJ 指数（Billings & Johnson，2016）。EG 指数仍然沿用了空间基尼系数与 HHI 指数的传统思路，其存在的问题与多样化指数类似。而 DO 指数和 BJ 指数则开始通过企业的地理空间选址来精确衡量两两产业间的地理邻近关系，其中尤以 BJ 指数的测度为佳。Billings 和 Johnson（2016）创新地提出基于 Wasserstein 距离算法的产业间共聚指数，这一共聚指数能够衡量两两产业间非对称的空间共聚关系，即 A 产业向 B 产业共聚的同时，B 产业有可能不向 A 产业共聚。这种方向性更符合行业间空间关联的实际特征。学者也注意到了产业投入产出关系和技术依赖关系的非对称特征，陈露等（2020）首次使用 BJ 指数测度了中国城市群层面的产业共聚指数，探索了投入产出与技术关联如何驱动产业空间共聚。但是基于地理邻近视角下的跨产业共聚能否带来显著的创新效应，国内外学者尚未深入探索，对于 Jacobs 外部性是否在地理邻近下的产业共聚中发挥作用仍无明确答案。

综合前人的研究来看，跨产业空间共聚对创新绩效提升的影响是一个极具活力的话题，作为 MAR 外部性的竞争假说，Jacobs 外部性具有广泛的现实依据和可靠的理论基础。但是，对于 Jacobs 外部性的重要机制是隐性知识溢出，而这类知识的溢出具有空间衰减特性，只有在较为微观的地理空间下的产生的作用较为直接，在这一方面学术界仍缺乏具体的实证证据。Billings 和 Johnson（2016）以及陈露等（2020）主要关注了新一代产业共聚指数的测度，与其研究相比，本书进一步创新性地运用该指数打开产业多样化促进产业创新的"实证黑箱"，探索微观产业内企业群体地理主动邻近与被动邻近如何通过知识溢出差异化来影响创新绩效。同时，在前人广泛研究共聚驱动因素的基础上，进一步探讨双向产业关联与技术关联形成的产业共聚是否促进产业创新能力提升，这能够为中国新质生产力的提升与产业集群化建设提供重要的理论指导。

二、研究假说

在 Audrestch 和 Feldman（2004）提出的知识生产函数基础上，加入 Hanlon 和 Miscio（2017）对于企业外部产业技术溢出来源的解释，可以将企业层面的知识生产函数表述修改为：

$$I_{ict} = f(RD_{ict}, HK_{ict}) \times g(A_{within}, A_{cross}, A_c, A_t) \qquad (6-1)$$

其中，I_{ict} 表示为 c 地区的企业 i 在 t 年的创新产出；RD_{ict} 表示企业 i 的研发投入；HK_{ict} 表示企业的人力资本投入；f 表示企业创新产出是创新投入的函数，这代表了企业内部资源是企业创新产出的重要来源之一，Carlino 和 Kerr（2015）认为，企业的创新产出与创新投入存在倍数关系，即企业如果想获得成倍的创新产出就需要投入成倍的创新资源；g 表示内生于地区 c 和时间 t 但外生于企业 i 的集聚经济，经验研究中对于 g 的处理是将其设计为地区（城市）规模或者密度的函数，这是区域多样化指数开展实证研究的理论基础。不过，Hanlon 和 Miscio（2017）提出了打开这一函数"黑箱"的理论形式，其认为外生于企业的知识溢出主要来自四个方面：①企业所在行业的知识溢出 A_{within}；②非本部门的行业的知识溢出 A_{cross}；③企业所在地区 c 整体技术进步带来的知识溢出 A_c；④企业所在国家整体的技术进步带来的知识溢出 A_t。前两者代表了中观行业层面的技术溢出，后两者代表宏观层面的技术溢出。在这个经过略微改造的知识生产函数模型中，可以看到企业层面技术进步来源的复杂性与多样性，Audretsch 和 Feldman（2004）总结前人的研究后认为，知识生产函数在企业微观层面较难显现，经验估计时建议在更高的集聚层次展开（诸如国家或者产业层面）。

本书主要关注多样化的产业地理邻近对行业创新产出的影响，即更为关注式（6-1）中 A_{cross} 的效应。基于陈露等（2020）的计算方法和结果，中国有 12.10% 的行业间存在选址的空间共聚规律，而其中只有 17.55% 的三位数行业同属于同一个二位数行业，超过 80% 的三位数行业发生了跨越二位数部门的产业共聚，这说明产业间空间共聚关系的跨部门特性是普遍的。跨产业地理邻近有利于"隐性知识"的溢出，知识溢出对产业创新增长的影响有两种理论路径：一种是基于内生增长理论，认为知识溢出能够促进产业技术创新，进而推动经济增长，这种路径强调了空间因素在内生增长中的作用。另一种是基于新经济地理学，认为知识溢出能够促进空间集聚，加强企业选址时的地理邻近，从而提高经济效率，这种路径强调了空间集聚在知识溢出中的作用。

正如式（6-1）所描述的，在中观的行业层面，每个行业均具备行业自身特征的技术知识池，这一知识池的来源主要有两个：一个来源于行业内部的知识扩散与溢出，这可以通过产业集聚理论的知识技术溢出加以积累，其内部行业的技术扩散能够拉平行业内部的技术差异，这一知识来源的创新能力增强是行业内生的；另一个重要来源是行业外部其他行业的技术溢出与扩散，这可以通过行业间的空间共聚获取并加以积累，这一知识来源的创新能力是行业外生的。本书重点讨论第二种来自行业外部的知识溢出来源，在产业共聚的概念下，当产业 j 内企业在选址时，会选择靠近多个其他产业（$q1$, $q2$, $\cdots$, qm）内的企业，通过知识的匹配、学习和扩散，就会逐步形成了产业 j 的主动共聚技术知识池。与之相对的，产业 j 同样也会被一系列产业（$p1$, $p2$, $\cdots$, pn）空间共聚，形成一个与主动共聚形成的技术知识池类似但又存在一定差异的外部行业技术知识池。根据集聚经济的共享与学习效应理论，产业在地理邻近技术知识池时，能够更好地发挥知识溢出的作用，进而提升了本行业自身的技术创新水平。据此提出本书的第一个待验证假说：行业通过产业空间双向共聚形成的跨产业技术知识池对行业创新绩效存在提升作用。

产业集聚与共聚的本质是微观企业在地理空间上选址后产生的群体规律，Billings 和 Johnson（2016）在研究跨产业的空间共聚时，并没有选择使用"Coagglomeration"一词，而是使用了"Colocalization"一词，即跨产业企业的共同选址，显然，后者的概念更为丰富，能够包含前者的具体含义。[①] 以概念图的形式具体阐述产业共聚与产业集聚的概念差异及其非对称情形。如图 6-11 所示，每个空间下存在两个产业，分别是 A 产业和 B 产业，由于个体企业根据自身实际需求进行选址决策，不同产业在空间上则会表现出不同的群体特征。对于单个产业（A 或 B）来说，如果企业选址不相互靠近，那么表现为空间分散如图 6-2 中（1-a）所示；如果企业选址相互靠近，那么表现为空间集聚如图 6-2 中（1-b）所示。而对于两个产业（A 与 B）来说，行业间的企业选址是否靠近则与单个企业的是否集聚关系不大，例如，即便单个企业是集聚的，如果集聚在不同的位置，两个集聚中心距离过远如图 6-2 中（1-b），那么产业间不能称为共聚，只有在两个集聚中心互相靠近或重叠的情形下才能称为共聚如图 6-1 中（2-b 和 3-b）所示。反之，即便单个产业都是分散的，产业间内企业两两配对共同选址，也能产生共聚的情形如

---

① 虽然 Billings 和 Johnson（2016）在其研究中使用了"Colocalization"的概念，考虑到其指数是在 EG 指数（Ellison & Glaeser，1997）和 DO 指数（Duranton & Overman，2008）发展而来的，考虑到国内读者的接受度和研究惯例（陈露等，2020），本书仍使用"产业共聚"（Coagglomeration）这一说法。

图6-1中（2-a和3-a）所示。在图6-1中（2-a和3-a）的情形中，还能有效避免行业内部竞争抑制外部性溢出的情形。因此可以说，产业共聚是一种含义与产业集聚相似但又存在显著差异的产业空间分布概念，已有研究中使用多样性指数或者EG共聚指数测算时，图6-1中的所有情形都可能会被认为产业空间共聚（相对于其他空间来说），而在DO共聚指数下，则很难识别出图6-1中（2-a）和（2-b）与（2-a）和（3-a）的差异。BJ指数则能有效避免上述测算的缺陷，有效识别图6-1中的各种情形。

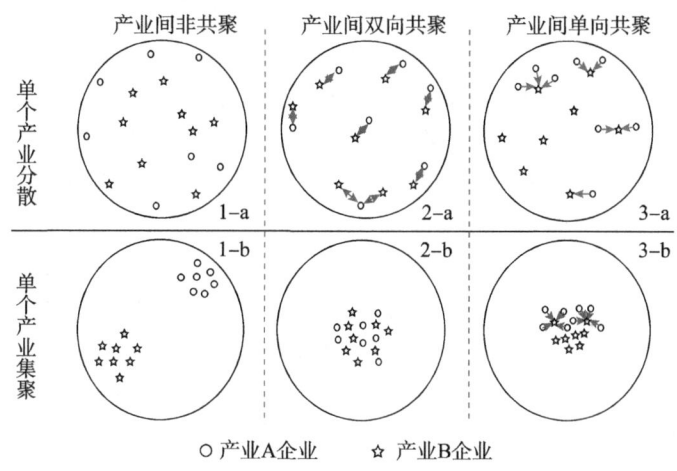

图6-1　产业空间共聚与产业空间集聚概念差异及产业共聚方向性

同时，产业间的空间共聚还存在方向性这一特殊属性，我们仍以第二章中的图示为例加以说明。在图6-1（2-a和2-b）中，在产业 A 企业的附近有产业 B 的企业，同时，产业 B 的企业附近也有产业 A 的企业，这是产业间双向共聚的情形。但是在图6-1（3-a和3-b）中，产业 A 的企业附近有产业 B 的企业，而产业 B 的企业附近不一定有产业 A 的企业，也就是说，产业 A 内的企业在选址时会考虑地址附近是否有产业 B 的企业，而产业 B 内的企业选址时并不考虑附近是否有产业 A 的企业。[1]本书通过测度发现具有双向共聚的产业对占全部共聚的产业对的比例只有35.6%，近七成产业共聚是单向的。通过单向主动共聚寻求的知识池与行业自身更有匹配性，技术学习的目的性更强，而被动共聚的产业则主要通过不经意的

---

[1]　Billings 和 Johnson（2016）在其研究中举了一个案例，美国的法律行业一般会向饮品行业靠近，这可能是方便其业务的洽谈，但是饮品行业选址时并不会刻意考虑向法律行业靠近，这就是行业间空间共聚的非对称性，或者称为方向性。

知识交换获取知识溢出，其技术学习的目的性与主动性较弱，因此可以认为这两种不同空间共聚模式下的技术知识池对行业自身创新能力的提升可能存在显著的差异性，据此提出本书的第二个待验证假说：行业受到主动共聚技术知识池创新溢出效应与被动共聚技术知识池的创新溢出效应存在显著差异。

在集聚经济理论中，单一产业的 MAR 外部性是三位一体的，同一产业内企业追求的三种外部性是同质的。但是，在跨产业的空间共聚中，不同产业间在享受知识溢出、投入产出市场和劳动力池时存在一定的差异，这种差异是由产业间的关联紧密程度决定的。例如，同种知识溢出会吸引两个从产业分类上看似不相关但技术关联较为紧密的产业内企业空间共聚。之所以强调在产业空间共聚中马歇尔三大外部性的异质性，主要在于两两产业的技术关联、投入产出关联和劳动力技能关联往往是不一致的，Ellison 等（2010）在分析美国的跨行业空间共聚驱动力时就曾指出："一些行业间交换商品，但雇佣的工人却截然不同。有些行业雇佣相似的工人，但从不相互交易。"相关研究已经证明，产业空间共聚受到跨产业马歇尔外部性异质性的驱动（Diodato et al.，2018；陈露等，2020）。不同产业间的创新模仿存在一定的技术壁垒，人员的流动也不如同行业那般容易，Jacobs（1969）认为，具有投入产出关联的产业间存在较强的创新的溢出，彭向和蒋传海（2011）的研究则认为，多样化产业间的技术互补关系越强，产业的创新促进效应越强。基于中国超过 80% 的三位数行业之间的空间共聚不属于同一个二位数部门的特征事实（陈露等，2020），相较于两个产业间只存在投入产出关联或者技术关联，如果具备投入产出关联或技术关联的产业还具备空间地理邻近特征，那么行业间空间共聚与投入产出关联或技术关联的叠加在理论上能够显著促进行业间的技术交流和知识溢出，进而实现产业的创新绩效的提升。据此提出本书第三个待验证假说：基于投入产出关联和技术关联的产业空间共聚对行业创新绩效都具有正向的提升效应，且存在一定的效应差异。

第三节　实证模型设计、识别策略与变量说明

一、实证模型设计

根据前文的理论分析与研究假说，本书在实证部分重点识别单一行业通过地理邻近寻求非本部门产业集合的技术知识池是否能够获取知识溢出的外部性，进

而提升行业自身创新绩效水平。行业具有方向性的空间共聚将会形成两种类型的技术知识池：一是通过主动空间共聚形成的"主动型"技术知识池，另一种则是通过被动空间共聚形成的"被动型"技术知识池。本书将从这两种类型技术知识池视角分别讨论行业创新绩效的提升水平。在式（6-1）理论模型的指导下，我们构建式（6-2）考察了行业 j 的主动共聚技术知识池对其自身创新绩效的影响效应：

$$Inno_{jct} = \alpha + \beta_1 KP\_outward_{jct} + \beta_2 X\_outward_{jct} + \beta_3 agg_{jct} + \beta_4 X_{jct} + u_j + v_t + \delta_c + \varepsilon_{jct}$$

$$KP\_outward_{jct} = \sum patent_{kct}\phi_{j\to k}, \quad \phi_{j\to k} = \begin{cases} 1, & Coagg_{j\to k} \geq 0.95 \\ 0, & Coagg_{j\to k} < 0.95 \end{cases}$$

（6-2）

其中，$Inno_{jct}$ 表示在 t 时间 c 地区 j 行业的创新能力水平；$KP\_outward_{jct}$ 表示在 t 时间 c 地区被 j 行业主动显著地理空间共聚的产业群体形成的技术知识池水平，从行业 j 的视角来看，它是主动向其他产业共聚，为了方便区分，下文统一称为"主动共聚"（outward）；$Coagg_{j\to k}$ 表示产业 j 向产业 k 共聚的可能性；$\phi_{j\to k}$ 表示在 95% 的置信水平上产业 j 是否向产业 k 共聚，这对应了理论模型（6-1）中非本部门行业的知识溢出 A_{cross}；agg_{jct} 表示 j 行业自身的行业集聚水平，对应理论模型中所在行业的知识溢出 A_{within}；$X\_outward_{jct}$ 表示 j 行业主动共聚的多个产业集形成的规模经济与劳动力池特征的控制变量；X_{jct} 表示 j 行业产业规模和就业水平的控制变量，同时通过控制行业固定效应共同对应理论模型中行业自身投入产出水平对创新影响；此外，时间固定效应 v_t 表示国家整体的技术进步带来的知识溢出 A_t；地区固定效应 δ_c 表示地区 c 整体技术进步带来的知识溢出 A_c。

与式（6-2）相对应，进一步构建式（6-3）考察行业 j 的被动共聚技术知识池对其创新绩效的影响效应。从行业 j 的视角来看，它是被动地被其他产业空间共聚，为了方便区分，下文统一称为"被动共聚"（inward）。与式（6-2）不同的是，式（6-3）的核心解释变量为 KP_inward_{jct}，其表示在 t 时间 c 地区向 j 行业显著地理空间共聚的产业群体形成的技术知识池水平，X_inward_{jct} 表示向 j 行业共聚的多个产业集形成的规模经济与劳动力池特征的控制变量。

$$Inno_{jct} = \alpha + \beta_1 KP\_inward_{jct} + \beta_2 X\_inward_{jct} + \beta_3 agg_{jct} + \beta_4 X_{jct} + u_j + v_t + \delta_c + \varepsilon_{jct}$$

$$KP\_inward_{jct} = \sum patent_{kct}\phi_{k\to j}, \quad \phi_{k\to j} = \begin{cases} 1, & Coagg_{k\to j} \geq 0.95 \\ 0, & Coagg_{k\to j} < 0.95 \end{cases}$$

（6-3）

在实证过程中，为了丰富讨论的深度与异质性检验，我们对行业 j 的创新水平进行了分解，分别考察其创新规模和创新质量。与之相对应的，主动共聚与被动共聚形成的技术知识池从"技术知识池规模"与"技术知识池质量"两个方面加以衡量。

二、变量介绍

计算产业共聚指数的数据基础是微观企业层面的空间地理信息，这是产业在空间上的最小组成单元。本书使用的数据来自 1998~2013 年中国工业企业数据库，该数据库样本范围为全部国有工业企业以及规模较大的非国有工业企业。利用企业的基本信息从百度 API 平台中进行经纬度解码，在这一过程中，本书的匹配策略是按照"企业名称→企业详细地址→企业所在县政府所在地"的顺序进行匹配，即优先通过企业名称进行匹配，如果无法查询，那么则将企业的详细地址进行匹配；如果最后两者都无法匹配，用企业所在县政府所在地经纬度进行替代。在将企业进行城市群分类的过程中，参照学者对工业企业数据库的做法，剔除了总资产、工业总产值和固定资产净值缺失、0 值和负值的样本以及剔除不符合会计准则的样本（Brandt et al.，2012）。本书选择的空间尺度为城市群，参照学者对城市群处理方法的经验（梁红艳，2018；陈露等，2020），本书最终确定 21 个城市群为研究对象。本书实证的主要核心参数是产业共聚指数，考虑到产业空间共聚的相对稳定性，本书测度了 1998 年、2001 年、2004 年、2007 年、2010 年和 2013 年六个年度 21 个城市群共计 3327494 对产业对的结果。再根据式（6-2）与式（6-3）分别计算本书的核心解释变量。

本章将从创新产出的角度来测度城市群下产业创新的绩效水平，常见的创新产出测度指标有两种：专利申请授权数和新产品产值或销售收入。由于本书主要研究的中国工业企业数据库中新产品产值或销售收入难以获得较为完整的面板数据，因此，创新能力衡量变量采用企业专利构建相关指标。本书获取了 1998~2020 年中国专利数据库中所有申报专利，利用企业名称与企业代码与1998~2013 年中国工业企业数据库中的企业名称与企业代码进行匹配，获取各个企业的专利情况，进而通过加总计算各个地区、各个三位数行业的创新绩效水平。本章的创新水平从两个方面衡量：创新规模与创新质量。创新规模使用行业内当年度获批的专利总数衡量。创新质量采用专利价值度（Patent Value）衡量，专利价值度指标是国家知识产权局专利管理司提供，该指标按照《专利价值分析指标体系操作手册》从法律、技术和经济三个层面对每个专利进行评价打分得出。参照苏丹妮等（2022）的研究，采取区位熵衡量产业自身的集聚水平。此外，本书使用行业的工业总产值衡量行业自身规模和空间共聚形成的非本部门规模经济，使用行业的年末就业人数衡量行业自身就业水平和空间共聚形成的非本部门劳动力池。本书进入回归的指标均加 1 后取自然对数处理，主要涉及的被解释变量、核心解释变量和控制变量的描述性统计如表 6-1 所示。

表 6-1　主要变量的描述性统计

变量类型	变量名称	变量代码	样本量	平均值	标准差
被解释变量	行业创新规模	$Inno\_scale_{jct}$	20283	1.014	1.719
	行业创新质量	$Inno\_quality_{jct}$	20283	1.532	2.378
核心解释变量	主动共聚技术知识池规模	$KP\_outward\_scale_{jct}$	20283	3.138	3.067
	被动共聚技术知识池规模	$KP\_inward\_scale_{jct}$	20283	2.372	2.886
	主动共聚技术知识池质量	$KP\_outward\_quality_{jct}$	20283	4.210	3.726
	被动共聚技术知识池质量	$KP\_inward\_quality_{jct}$	20283	3.236	3.585
控制变量	主动共聚规模经济	$Outward\_scalepool_{jct}$	20283	17.445	2.229
	主动共聚劳动力池	$Outward\_laborpool_{jct}$	20283	12.362	1.516
	被动共聚规模经济	$Inward\_scalepool_{jct}$	20283	15.210	5.295
	被动共聚劳动力池	$Inward\_laborpool_{jct}$	20283	10.067	3.750
	行业集聚水平	Agg_{jct}	20283	0.0002	4.756
	行业规模	$Scale_{jct}$	20283	13.510	2.652
	行业就业人数	$Employment_{jct}$	20283	8.147	2.129

第四节　行业空间共聚的技术知识池溢出效应检验

一、基准回归

基于前文的研究设计，本书首先采用固定效应模型分别对式（6-2）与式（6-3）进行估计，回归时控制了城市群、时间以及行业固定效应，同时聚类到行业层面。表 6-2 报告了行业通过产业主动共聚形成的技术知识池的创新溢出效应基准回归结果。从结果可以看出，主动共聚形成的技术知识池无论从规模还是质量均对行业自身的创新规模和质量产生显著的正向影响效应。主动共聚形成的知识规模每增加 1%，行业的创新规模和创新质量分别增长约 0.288% 和 0.374%；而主动共聚形成的知识池质量每增加 1%，行业的创新规模和创新质量分别增长约 0.174% 和 0.235%。与 Glaeser（1992）的研究结论有所不同，我们发现中国城市群层面的行业集聚水平对行业创新规模存在显著的正向影响，且这一效应显著高于共聚形成的跨产业技术知识池的溢出影响，这说明行业集聚形成的技术知识池是行业创新能力提升的重要来源之一。控制变量方面，值得注意的是，主动共聚形成的规模经济对行业创新产生了显著的负向影响，Baptista 和 Swann（1998）把这种集群内规模多样化的负效应总结为"拥塞效应"（Congestion Effect），本书支持这种观点，说明主动共聚形成产业集规模越大越会对行业创新的增长产生了不利影响①。除此之外，主动共聚形成的劳动力池、行业自身的规模和行业自身的就业水平均对行业的创新有显著的正向影响。

表6-2　行业主动共聚形成的技术知识池创新溢出效应 OLS 回归

变量	行业创新规模		行业创新质量	
主动共聚技术知识池规模	0.288*** (0.011)		0.374*** (0.014)	
主动共聚技术知识池质量		0.174*** (0.008)		0.235*** (0.011)
主动共聚规模经济	−0.131*** (0.014)	−0.137*** (0.014)	−0.168*** (0.018)	−0.177*** (0.019)
主动共聚劳动力池	0.060*** (0.016)	0.103*** (0.017)	0.071*** (0.022)	0.123*** (0.023)
行业集聚水平	0.331*** (0.044)	0.326*** (0.045)	0.448*** (0.058)	0.441*** (0.059)
行业规模	0.029** (0.012)	0.030** (0.013)	0.042** (0.017)	0.038 (0.023)
行业就业人数	0.033* (0.014)	0.031* (0.018)	0.040* (0.023)	0.132*** (0.019)
Constant	0.815*** (0.188)	0.575*** (0.183)	1.271*** (0.246)	0.978*** (0.241)
观测值	20281	20281	20281	20281
R^2	0.632	0.615	0.650	0.636
行业固定效应	控制	控制	控制	控制

① 基于实证结果，我们认为还与观察到的样本有关，我们研究的对象为规模以上企业，其企业性质往往为国有企业，其特点是产值规模大，但是创新能力不一定与规模匹配，这可能是观察到主动共聚规模经济与行业创新显著负向相关的主要原因之一。

续表

变量	行业创新规模		行业创新质量	
年份固定效应	控制	控制	控制	控制
城市群固定效应	控制	控制	控制	控制
聚类稳健标准误	控制	控制	控制	控制

注：括号内为稳健标准误，*、**、*** 分别表示 10%、5%、1% 的显著性水平。

表 6-3 报告了行业通过产业被动共聚形成的技术知识池的创新溢出效应基准回归结果。从结果可以看出，被动共聚形成的技术知识池无论从规模还是质量均对行业自身的创新规模和质量产生显著的正向影响效应。被动共聚形成的知识规模每增加 1%，行业的创新规模和创新质量分别增长约 0.230% 和 0.294%；而被动共聚形成的知识池质量每增加 1%，行业的创新规模和创新质量分别增长约 0.151% 和 0.199%。在控制变量方面，除了行业的自身就业人数对行业的创新规模和数量存在显著影响外，被动共聚形成的规模经济对产业创新规模产生了显著负向影响，而对创新质量的影响不显著；被动共聚形成的劳动力池对行业创新规模和质量也均产生了显著的负向影响，这说明与主动共聚相比，被动共聚形成的规模经济和劳动力池产生的"拥塞效应"更强烈。

表 6-2 和表 6-3 的基准回归结果初步验证了本书第一个假说，行业通过地理空间邻近多个其他部门的产业可以通过共享、学习和匹配获取多样化的知识池溢出效应，对行业的创新规模和创新质量均能产生显著的正向提升效应，这是本书的核心结论之一，是基于中国数据对 Jacobs 创新外部性存在的实证证据。行业通过产业间空间共聚获取外部部门的创新"黏性知识"，然后内化为行业内部知识池，通过产业集聚进一步在行业内部共享、扩散，进而实现整个行业的创新能力提升，这一路径解释可以使 Jacobs 外部性和 Marshall 外部性理论相融合。

表 6-3　行业被动共聚形成的技术知识池创新溢出效应 OLS 回归

变量	产业创新规模		产业创新质量	
被动共聚技术知识池规模	0.230***		0.294***	
	（0.009）		（0.011）	
被动共聚技术知识池质量		0.151***		0.199***
		（0.007）		（0.009）
被动共聚规模经济	−0.007	−0.023***	−0.005	−0.024**
	（0.007）	（0.007）	（0.009）	（0.010）

续表

变量	产业创新规模		产业创新质量	
被动共聚劳动力池	−0.045***	−0.015	−0.063***	−0.027*
	(0.010)	(0.010)	(0.013)	(0.014)
行业集聚水平	0.305***	0.305***	0.415***	0.416***
	(0.043)	(0.044)	(0.057)	(0.058)
行业规模	0.001	0.003	0.007	0.009
	(0.011)	(0.012)	(0.015)	(0.016)
行业就业人数	0.048***	0.049***	0.059***	0.061***
	(0.015)	(0.016)	(0.020)	(0.021)
Constant	0.427***	0.383***	0.699***	0.648***
	(0.136)	(0.138)	(0.180)	(0.183)
观测值	20281	20281	20281	20281
R^2	0.635	0.620	0.652	0.641
行业固定效应	控制	控制	控制	控制
年份固定效应	控制	控制	控制	控制
城市群固定效应	控制	控制	控制	控制
聚类稳健标准误	控制	控制	控制	控制

注：括号内为稳健标准误，*、**、*** 分别表示 10%、5%、1% 的显著性水平。

二、稳健性检验

1. 关键指标置信度标准转换

产业共聚的指标度量是一种基于统计假设检验计算的方法，在基准回归中本书采用 95% 的置信度测度产业共聚指数，并基于此计算产业主动共聚和被动共聚形成的技术知识规模与质量。对此，本书分别采用 90% 和 99% 置信度，重新测度产业共聚指数并构建共聚形成的技术知识池规模和质量指标以检验结果的稳健性。表 6-4 和表 6-5 的结果显示，在放松和收紧产业共聚指数的统计门槛的情况下，通过产业共聚形成的技术知识池的规模与质量在主动共聚与被动共聚两个方向上的影响均与基准回归的结果保持一致，且基准回归结果介于两类稳健性检验指标区间内。这意味着本书的核心结论不随产业共聚指标测度的标准调整而发生变化，结果是稳健的。

表 6-4　产业主动共聚置信水平转换稳健性检验

变量	产业创新规模				产业创新质量			
共聚指标置信度（%）	90	99	90	99	90	99	90	99
主动共聚技术知识池规模	0.308***（0.012）	0.218***（0.010）	—	—	0.406***（0.015）	0.280***（0.012）	—	—
主动共聚技术知识池质量	—	—	0.177***（0.009）	0.144***（0.007）	—	—	0.245***（0.012）	0.192***（0.009）
观测值	20281	20281	20281	20281	20281	20281	20281	20281
控制变量	控制	控制	控制	控制	控制	控制	控制	控制
行业固定效应	控制	控制	控制	控制	控制	控制	控制	控制
年份固定效应	控制	控制	控制	控制	控制	控制	控制	控制
城市群固定效应	控制	控制	控制	控制	控制	控制	控制	控制
聚类稳健标准误	控制	控制	控制	控制	控制	控制	控制	控制

注：括号内为稳健标准误，*** 表示 1% 的显著性水平。

表 6-5　产业被动共聚置信水平转换稳健性检验

变量	产业创新规模				产业创新质量			
共聚指标置信度（%）	90	99	90	99	90	99	90	99
被动共聚技术知识池规模	0.228***（0.009）	0.240***（0.008）	—	—	0.293***（0.012）	0.299***（0.010）	—	—
被动共聚技术知识池质量	—	—	0.145***（0.007）	0.167***（0.007）	—	—	0.192***（0.009）	0.213***（0.008）
观测值	20281	20281	20281	20281	20281	20281	20281	20281
控制变量	控制	控制	控制	控制	控制	控制	控制	控制
行业固定效应	控制	控制	控制	控制	控制	控制	控制	控制
年份固定效应	控制	控制	控制	控制	控制	控制	控制	控制
城市群固定效应	控制	控制	控制	控制	控制	控制	控制	控制
聚类稳健标准误	控制	控制	控制	控制	控制	控制	控制	控制

注：括号内为稳健标准误，*** 表示 1% 的显著性水平。

2. 剔除双向共聚的产业对

在行业的主动共聚与被动共聚的测度中，有些行业对之间会形成双向共聚的情形，为了避免双向共聚的产业对在主动共聚与被动共聚形成的技术知识池中效应过大，影响本书的基准回归结论，我们进一步对共聚形成的技术知识池、规模经济和劳动力池中剔除了双向共聚的行业部分，按照基准回归的设定进行检验。从表6-6的结果来看，剔除了双向共聚的产业对后，本章的核心结论依然稳健。

表6-6　产业单向共聚形成的技术知识池创新溢出效应检验

变量	行业创新规模	行业创新质量	行业创新规模	行业创新质量
单向主动共聚技术知识池规模	0.189*** （0.009） —	0.242*** （0.012） —	—	—
单向主动共聚技术知识池质量	— 0.115*** （0.007）	— 0.154*** （0.009）	—	—
单向被动共聚技术知识池规模	—	—	0.229*** （0.009） —	0.287*** （0.011） —
单向被动共聚技术知识池质量	—	—	— 0.153*** （0.007）	— 0.198*** （0.008）
观测值	20281　20281	20281　20281	20281　20281	20281　20281
控制变量	控制　控制	控制　控制	控制　控制	控制　控制
行业固定效应	控制　控制	控制　控制	控制　控制	控制　控制
年份固定效应	控制　控制	控制　控制	控制　控制	控制　控制
城市群固定效应	控制　控制	控制　控制	控制　控制	控制　控制
聚类稳健标准误	控制　控制	控制　控制	控制　控制	控制　控制

注：括号内为稳健标准误，*** 表示 1% 的显著性水平。

三、产业空间共聚形成的技术知识池创新溢出效应异质性考察

1. 主动共聚与被动共聚的技术知识池创新溢出效应异质性

为了验证假设2，本书进一步探讨了产业共聚方向性的异质性创新影响。表6-7报告了主动共聚与被动共聚形成的技术知识池对行业创新绩效的影响效应差异结果。从各个回归的标准化系数来看，无论是从技术知识池的规模对行业的创新规模和创新质量的影响视角，还是从技术知识池质量对行业创新的规模和质量的影响视角来看，主动共聚形成的技术知识池对行业创新的促进效应都显著高于被动共聚形成的技术知识池。一方面，行业通过主动地理邻近其他行业能够更强地获取外部性，因此主动共聚形成的知识池具有更高的溢出效应；另一方面，虽然行业被动地理邻近其他行业也能获得一定程度的知识溢出，但由于知

识匹配性和知识等级不对称等因素，这种溢出效果明显弱于主动共聚形成的技术知识池。

表6-7　主动共聚与被动共聚的创新溢出异质性效应结果

变量	行业创新规模				行业创新质量			
	（1）	（2）	（3）	（4）	（5）	（6）	（7）	（8）
主动共聚 技术知识池规模	0.186*** （0.011）	0.332***	—	—	0.243*** （0.014）	0.313***	—	—
被动共聚 技术知识池规模	0.122*** （0.008）	0.205***	—	—	0.155*** （0.010）	0.188***	—	—
主动共聚 技术知识池质量	—	—	0.112*** （0.008）	0.243***	—	—	0.153*** （0.011）	0.240***
被动共聚 技术知识池质量	—	—	0.086*** （0.006）	0.179***	—	—	0.112*** （0.007）	0.169***
观测值	20281	20281	20281	20281	20281	20281	20281	20281
控制变量	控制	控制	控制	控制	控制	控制	控制	控制
行业固定效应	控制	控制	控制	控制	控制	控制	控制	控制
年份固定效应	控制	控制	控制	控制	控制	控制	控制	控制
城市群固定效应	控制	控制	控制	控制	控制	控制	控制	控制
聚类稳健标准误	控制	控制	控制	控制	控制	控制	控制	控制

注：第（2）、第（4）、第（6）、第（8）列分别为前一列的标准化系数结果，括号内为稳健标准误，*** 表示1%的显著性水平。

2. 产业空间共聚的创新规模与创新质量效应异质性

产业空间共聚形成的技术知识池对行业的创新绩效存在正向影响，但是具体来看，对行业的创新规模和行业的创新质量影响效应是否存在差异是值得进一步探讨的问题。在基准回归中，由于同一解释变量的系数置信区间重叠，因而无法比较系数大小，本书将样本量扩展为原来的两倍，生成虚拟变量（行业创新规模 Dummy=0，行业创新质量 Dummy=1），通过交乘方式检验两组系数是否存在显著差异。从表6-8的结果来看，基准回归的四个解释变量对行业创新规模和质量的影响均存在显著差异。结合表6-2和表6-3的结果计算可得，主动共聚知识池规模每增加1%，行业创新规模增长约为0.512%[1]，行业创新质量增长约为

---

[1]　此处为标准化系数，0.512=0.287×3.067（解释变量标准差）÷1.719（被解释变量标准差），下同。

0.481%；主动共聚知识池质量每增加1%，行业创新规模和创新质量分别增长约0.375%和0.368%；被动共聚知识池规模每增加1%，行业创新规模和创新质量分别增长约0.386%和0.356%；被动共聚知识池质量每增加1%，行业创新规模和创新质量分别增长约0.315%和0.300%。通过产业共聚形成的技术知识池的规模效应略高于其质量效应，两者影响水平大致相当。

表6-8　主动共聚与被动共聚的创新溢出异质性效应结果

变量	（1）	（2）	（3）	（4）
主动共聚技术知识池规模	0.253***			
	（0.012）			
D# 主动共聚技术知识池规模	0.156***			
	（0.004）			
主动共聚技术知识池质量		0.141***		
		（0.009）		
D# 主动共聚技术知识池质量		0.127***		
		（0.003）		
被动共聚技术知识池规模			0.184***	
			（0.009）	
D# 被动共聚技术知识池规模			0.157***	
			（0.003）	
被动共聚技术知识池质量				0.113***
				（0.007）
D# 被动共聚技术知识池质量				0.125***
				（0.003）
Dummy	0.029***	−0.016**	0.146***	0.113***
	（0.007）	（0.006）	（0.010）	（0.009）
观测值	40566	40566	40566	40566
控制变量	控制	控制	控制	控制
行业固定效应	控制	控制	控制	控制
年份固定效应	控制	控制	控制	控制
城市群固定效应	控制	控制	控制	控制
聚类稳健标准误	控制	控制	控制	控制

注：括号内为稳健标准误，**、***分别表示5%和1%的显著性水平。

第五节　内生性检验：英国共聚指数工具变量

行业内地理位置选择和知识交流、扩散之间存在较为明显的反向因果问题，解决这一问题是本书结论是否成立的前提条件。本书参照最为相关的 Ellison 等（2010）关于美国产业间的共聚指数测度及其驱动因素的文章，其研究中探索了马歇尔三大外部性对美国产业间共聚的驱动效应，针对该研究的内生性问题，文章作者使用了英国投入产出指标和劳动力相似指数作为美国相应指标的工具变量。受其启发，本书基于英国微观企业调查数据，按照前述产业共聚方法测度英国行业间共聚指数，将其作为中国产业间共聚指数的工具变量。选择这一工具变量的理由有以下两个：①根据前人研究，国与国各自产业共聚通过国家间投入产出与劳动力要素关系而存在一定的关联性（Ellison et al.，2010），因此中国产业共聚与英国产业共聚存在理论上的关联性。②英国作为最早开展工业革命的国家，其产业发展历史悠久，产业内企业选址带来的集聚与产业间选址带来的共聚经过了数百年的发展。中国自改革开放后开始进行全面的工业建设，很多工业体系建设经验是参照西方发达国家的成熟经验做法，其中英国也是我国重点学习的对象，因此英国产业空间布局在实践层面影响了中国产业空间布局。而英国产业间的共聚水平与中国产业的创新水平并不存在相关性，因此可以认为使用英国产业共聚指数作为中国产业共聚指数的工具变量是一个较为恰当的选择。

我们通过 Bureau van Dijk 公司旗下 Fame 数据库提供的 2012 年英国 270 个三位数行业共计近 10 万家企业的经纬度坐标，运用本书的共聚指数算法计算了英国产业间共聚指数水平，并将英国国家行业分类表映射至中国国民行业分类表。基于英国产业共聚指数分别计算了主动共聚和被动共聚的技术知识池规模与质量，作为基准回归的工具变量。表 6-9 和表 6-10 分别报告了行业主动共聚的创新提升效应、行业被动共聚的创新提升效应两阶段最小二乘法（2SLS）估计结果。表中的 Kleibergen–Paap rk LM 检验均在 1% 水平上拒绝了工具变量识别不足的零假设，Cragg–Donald 和 Kleibergen–Paap 的 F 统计量均大于 Stock–Yogo 检验 10% 水平上的临界值，拒绝了工具变量是弱识别的原假定，表明工具变量与潜在的内生变量之间具有较强的相关性。

综上所述，本书选取的工具变量是较为合理的，基准结果中各个模型的估计结果是可取的，即使考虑了可能存在的内生性问题，行业通过主动空间共聚与被动空间共聚形成的技术知识池的规模与质量对行业创新的规模与质量均产生了正向的技术提升效应，本书的核心结论依旧成立。

表6-9　行业主动共聚技术知识池创新提升效应的两阶段工具变量回归结果

变量	第一阶段		第二阶段			
	主动共聚技术知识池规模	主动共聚技术知识池质量	行业创新规模		行业创新质量	
主动共聚技术知识池规模	—	—	0.606*** (0.035)	—	0.808*** (17.15)	—
主动共聚（UK）技术知识池规模	0.473*** (0.011)	—	—	—	—	—
主动共聚技术知识池质量	—	—	0.410*** (0.031)	—	0.577*** (0.043)	—
主动共聚（UK）技术知识池质量	—	0.358*** (0.010)	—	—	—	—
控制变量	控制	控制	控制	控制	控制	控制
行业固定效应	控制	控制	控制	控制	控制	控制
年份固定效应	控制	控制	控制	控制	控制	控制
城市群固定效应	控制	控制	控制	控制	控制	控制
聚类稳健标准误	控制	控制	控制	控制	控制	控制
识别不足检验	184.71***	169.85***				
弱识别检验	1931.47***	1252.18***				
观测值	20281	20281				

注：识别不足检验和弱识别检验分别报告了 Kleibergen-Paap rk LM 和 Kleibergen-Paap rk Wald F 的检验统计量；括号内为聚类稳健标准误，*** 表示 1% 的显著性水平。

表6-10　行业被动共聚技术知识池创新提升效应的两阶段工具变量回归结果

变量	第一阶段		第二阶段			
	被动共聚技术知识池规模	被动共聚技术知识池质量	行业创新规模		行业创新质量	
被动共聚技术知识池规模	—	—	0.621*** (0.020)	—	0.817*** (0.027)	—
被动共聚（UK）技术知识池规模	0.600*** (0.015)	—	—	—	—	—
被动共聚技术知识池质量	—	—	0.418*** (0.021)	—	0.571*** (0.029)	—

续表

变量	第一阶段		第二阶段			
	被动共聚技术知识池规模	被动共聚技术知识池质量	行业创新规模		行业创新质量	
被动共聚（UK）技术知识池质量	—	0.408*** （0.015）	—	—	—	—
控制变量	控制	控制	控制	控制	控制	控制
行业固定效应	控制	控制	控制	控制	控制	控制
年份固定效应	控制	控制	控制	控制	控制	控制
城市群固定效应	控制	控制	控制	控制	控制	控制
聚类稳健标准误	控制	控制	控制	控制	控制	控制
识别不足检验	177.57***	152.78***				
弱识别检验	4923.72*** 1616.91***	1880.06*** 783.60***				
观测值	20281	20281				

注：弱识别检验分别报告了 Cragg–Donald 和 Kleibergen–Paap 两种 F 检验；括号内为稳健标准误，***表示 1% 的显著性水平。

第六节　微观机制检验与进一步讨论

一、微观机制检验

本书考察了产业空间下单个产业受到空间共聚网络带来的创新外部性影响，发现产业在地理空间与其他产业共聚可以带来正向的跨产业创新绩效提升效应，从双向共聚的视角看，无论是被动地被其他产业共聚还是主动地向其他产业共聚其创新提升效应均存在。为了解释这种网络整体带来的正外部创新提升效应，参照 Kerr 和 Kominers（2015）对于专利引用的引力模型的设定，将两个产业间的引用与产业间距离之间的关系通过式（6-4）表示：

$$citation_{j \to k} = e^{\beta \times \phi_{j,k}} (patent_j \times patent_k)^{\gamma} \qquad (6-4)$$

其中，$citation_{j \to k}$ 表示产业 j 向产业 k 的专利引用水平，$\phi_{j,k}$ 表示产业 j 与产业 k 共聚水平，$patent$ 表示产业的专利水平。该式表明了两个产业间专利的引用受到产业间共聚距离和两个产业专利存量的共同影响。共聚水平越高表明产业间的空间邻近距离越小，如果知识溢出随着两个产业间的距离增大而减少，那么意味着知识溢出会随着产业间共聚水平提高而增加，因此我们预计式（6-3）中的

$\beta > 0$；如果两个产业中的专利数量越多，那么两个产业间的专利引用数量则会越多，因此预计 $\gamma > 0$。对式（6-4）两侧取对数，则可以得到式（6-5）：

$$\ln citation_{j \to k} = \beta \phi_{j,k} + \gamma_1 \ln patent_j + \gamma_2 \ln patent_k \qquad (6-5)$$

其中，$\phi_{j,k}$ 包含了产业间双向共聚的关系，为了能够分别考察"主动共聚"（$\phi_{j \to k}$）和"被动共聚"（$\phi_{j \leftarrow k}$）两者之间的差异性的引用差异，进一步将式（6-5）拆解并改进为式（6-6）和式（6-7）：

$$\ln(citation_{j \to k,c,t}) = \alpha + \beta_1 \phi_{j \to k,c,t} + \beta_2 \ln patent_{jct} + \beta_3 \times \ln patent_{kct} + u_{j,k} + v_t + \delta_c + \varepsilon_{jkct} \qquad (6-6)$$

$$\ln(citation_{j \to k,c,t}) = \alpha + \beta_1 \phi_{j \leftarrow k,c,t} + \beta_2 \ln patent_{jct} + \beta_3 \times \ln patent_{kct} + u_{j,k} + v_t + \delta_c + \varepsilon_{jkct} \qquad (6-7)$$

其中，$citation_{j \to k,c,t}$ 表示 t 时间 c 地区的产业 j 对产业 k 的专利引用水平，$\phi_{j \to k,c,t}$ 表示 t 时间 c 地区的产业 j 向产业 k 的共聚水平，$\phi_{j \leftarrow k,c,t}$ 表示 t 时间 c 地区的产业 k 向产业 j 的共聚水平，$patent_{jct}$ 表示 t 时间 c 地区的产业 j 的专利水平，$patent_{kct}$ 表示 t 时间 c 地区的产业 k 的专利水平。

本书的专利引用次数与被引用次数为 1998~2020 年第一季度国家专利总局各个专利的引用情况，从客观角度来看，早期的专利被引用次数明显多于近期申请的专利被引次数，但是考虑到本书研究对象是 1998~2013 年的专利，因此这一影响会被削弱。本书采用固定效应模型分别对式（6-6）与式（6-7）进行估计，表6-11 第（1）列报告了产业 j 对产业 k 的专利引用受到产业 j 向产业 k 共聚的影响，可以发现产业间的主动共聚会显著正向影响产业间的专利引用，这说明产业间空间群体的主动临近通过主动学习获取了知识溢出，这种知识溢出体现在产业间的引用的增加。表 6-11 的第（2）列使用英国产业共聚指数作为工具变量解决式（6-6）的内生性问题，可以发现在工具变量的条件下，仍然能够识别出这一正向效应。表 6-11 的第（3）列报告了产业 j 被产业 k 的专利引用受到产业 j 向产业 k 共聚的影响关系，同样可以观察到显著的正向影响关系，这也说明产业间空间群体的邻近也会增加本行业专利的被引用，被动向其他行业共聚。表 6-11 的第（4）列同样采用同样的内生性识别方法，这一正向效应仍然显著。

产业双向共聚与专利引用的微观机制检验结果从知识溢出的角度解释了产业共聚的创新效应，产业间的空间共聚表征了产业间群体选址的一般性规律，产业内企业偏好在地理空间上靠近另一个产业内的企业，可以通过这种空间邻近获取一定的知识溢出，进而提升产业整体的创新绩效水平。当然，地理邻近也会使本行业的知识被动溢出，从而实现被共聚产业的创新绩效水平的提升。

表6-11　产业间双向共聚对产业间引用的影响检验结果

变量	产业 j 专利引用产业 k 专利		产业 j 专利被产业 k 专利引用	
	（1）基准回归	（2）英国产业共聚作工具变量	（3）基准回归	（4）英国产业共聚作工具变量
产业 j 向产业 k 共聚 $\phi_{j\to k}$	0.001** （0.000）	0.138*** （0.046）	0.001*** （0.000）	0.108*** （0.041）
$ln\,(patent_j)$	0.002*** （0.000）	0.003*** （0.000）	0.002*** （0.000）	0.003*** （0.000）
$ln\,(patent_k)$	0.002*** （0.000）	0.001 （0.001）	0.002*** （0.000）	0.001** （0.001）
Observations	3327494	3327494	3327494	3327494
R-squared	0.024	—	0.024	—
行业对固定效应	控制	控制	控制	控制
年份固定效应	控制	控制	控制	控制
城市群固定效应	控制	控制	控制	控制
聚类稳健标准误	控制	控制	控制	控制
识别不足检验		11.48***		11.48***
弱识别检验		68.02*** 12.34**		68.02*** 12.34**

注：弱识别检验分别报告了 Cragg-Donald 和 Kleibergen-Paap 两种 F 检验；括号内为稳健标准误，**、*** 分别表示 5% 和 1% 的显著性水平。

二、进一步讨论

本书上述的实证研究中，已经初步证实了产业空间共聚形成的技术知识池对行业创新规模与质量提升的重要正向作用，这一正向作用的主要来源机制是地理邻近带来的知识溢出。长期以来，工业园区建设与区域化集群发展是中国产业政策的重要手段，如果区域产业政策采用单一产业策略，那么会增加区域产业的集聚，而采用多样化产业策略，那么会增加区域产业共聚。如何进一步激发这一政策工具的创新产出作用，实现中国产业的高质量集群化发展目标，继续走单一化和同质化的发展路径已经不可持续。现实中的产业集群化发展主要依赖工业园区建设、创新产业孵化的策略，而上述建设方式面临一个关键的模式选择问题：是围绕产业的上下游关联还是围绕产业间技术关联建设多样化产业集群？从产业共聚的创新绩效提升的视角出发，本部分将进一步讨论产业共聚中投入产出关联和技术关联的异质性影响，重点回答如果具备投入产出关联或技术关联地理邻近是否能够带来显著的技术创新提升效应。由于产业空间共聚、产业投入产出关联与产业技术关联均具有非对称性的特征，则本书需要验证产业空间共聚与产业关联间的交叉影响作用。主要验证回归模型如式（6-8）和式（6-9）所示。

$$Inno_{jct} = \alpha + \beta_1 inno_{kct} + \beta_2 \phi_{j,k} + \beta_3 \times \phi_{j,k} inno_{kct} + \beta_4 IO_{j,k} + \beta_5 IO_{j,k} inno_{kct} + \beta_6 IO_{j,k} \times \phi_{j,k} inno_{jct} + \beta_7 X_{jct} + u_{j,k} + v_t + \delta_c + \varepsilon_{jkct} \tag{6-8}$$

$$Inno_{jct} = \alpha + \beta_1 inno_{kct} + \beta_2 \phi_{j,k} + \beta_3 \times \phi_{j,k} inno_{kct} + \beta_4 Tech_{j,k} + \beta_5 Tech_{j,k} inno_{kct} + \beta_6 Tech_{j,k} \times \phi_{j,k} inno_{kct} + \beta_7 X_{jct} + u_{j,k} + v_t + \delta_c + \varepsilon_{jkct} \tag{6-9}$$

其中，$IO_{j,k}$ 表示产业间投入产出关系。产业间投入产出关系是衡量产业关联的重要指标之一，这一指标表明了产业间的上下游关系，具有方向性。验证产业间投入产出关系对产业空间共聚的影响可以进一步解释前文所定性分析的产业空间主动共聚的成因。参照 Billings 和 Johnson（2016）以及 Ellison 等（2010）的做法，使用产业间投入产出表对产业间投入产出关系进行判别，$IO_{j\rightarrow k}$ 表示产业 j 的产出中由产业 k 投入贡献的比例，这表示为产业 j 在生产关系上对产业 k 的依赖程度，反之，$IO_{j\leftarrow k}$ 则表示产业 k 的产出中由产业 j 投入贡献的比例。本书使用 2012 年中国 139 行业投入产出表，通过行业匹配构建该指标。该指数说明了产业 j 对产业 k 的双向投入产出关系。

$Tech_{j\rightarrow k}$ 表示产业间技术关联。本书的技术关联是衡量产业间技术依赖的指标，具有方向性。产业间的技术关联内在动力来自知识溢出，是指临近的企业能够从彼此的技术外部性中获益。技术外部性不仅表现在研发层面，还可能通过教育培训体现。参照 Hidalgo 等（2007）、Guo 和 He（2016）以及贺灿飞和胡绪千（2019）等对该指标创造与含义界定，本书将其用于衡量产业间的技术关联，可以理解为由于"产品临近"是产业间的技术关联所引致的。本书借鉴上述研究的思路和方法，并进一步赋予该指标以方向性，用来测度行业间的技术依赖水平。

在传统认知上，我们一般不对产业间的投入产出关联与技术关联加以区分，Ellison 等（2010）在分析美国的跨行业空间共聚驱动力时就已经判断了 MAR 的三大外部性之间存在显著差异性，Diodato 等（2018）从跨期角度实证检验了美国产业间的技术关联、投入产出关联和技能关联异质性的影响产业间的空间共聚。本书对计算的双向投入产出指标与双向技术关联指标的相关性进行了计算，可以发现，产业间的投入产出关联与技术关联的相关性较弱，即具备投入产出联系的产业间并不存在较强的技术关联关系，这是我们进一步开展不同产业联系的空间共聚创新产出差异性研究的特征事实基础（见表 6-12）。

表6-12　产业间双向投入产出关联与双向技术关联相关系数检验

	$IO_{j \to k}$	$IO_{j \leftarrow k}$	$Tech_{j \to k}$	$Tech_{j \leftarrow k}$
$IO_{j \to k}$	1.0000			
$IO_{j \leftarrow k}$	0.5017***	1.0000		
$Tech_{j \to k}$	0.0469***	0.0466***	1.0000	
$Tech_{j \leftarrow k}$	0.0466***	0.0469***	0.5970***	1.0000

注：*** 表示 1% 的显著性水平。

1. 投入产出关联的空间共聚创新溢出效应

表6-13 报告了对式（6-8）的估计结果，其中第（1）和第（3）列汇报了产业 j 是产业 k 生产链上游产业的条件下，产业 j 向产业 k 空间主动共聚和被动共聚的创新影响效应；第（2）列和第（4）列汇报了产业 j 在产业 k 生产链下游产业的条件下，产业 j 向产业 k 空间主动共聚和被动共聚的创新影响效应。可以发现，产业 j 向产业 k 空间共聚且产业 j 与产业 k 具有投入产出关系时，跨产业间才能产生显著的创新提升效应。而当产业 j 被产业 k 共聚时，产业 j 与产业 k 具备投入产出关系不能带来显著的创新绩效提升。这与假说 3 存在一定的出入，说明具备投入产出关联的产业间空间共聚带来的创新绩效提升效应是有条件的。这对地方长期围绕产业上下游链条构建产业集群的思路提供一定的启示，即应当考虑产业间的地理邻近的需求关系，如果两个具有生产关联关系的产业从历史发展的规律看是倾向双向协同选址的，那么依据这种规律构建多样化产业集群是有利于行业、园区乃至整个地区的创新水平提升的。反之，如果通过"拉郎配"的方式，将本可以通过便利运输条件解决生产链运输成本的多个行业实施地理集中，这只能降低运输成本，而并不能带来足够的知识溢出效应进而提升相关行业的创新水平。

表6-13　产业空间共聚与投入产出关联叠加的创新提升效应检验

变量	（1） 主动——上游	（2） 主动——下游	（3） 被动——上游	（4） 被动——下游
$\phi_{j \to k} \times IO_{j \to k} \times innovation_{kct}$	0.132*** （0.039）			
$\phi_{j \to k} \times IO_{j \leftarrow k} \times innovation_{kct}$		0.133** （0.053）		
$\phi_{j \leftarrow k} \times IO_{j \to k} \times innovation_{kct}$			−0.057 （0.069）	

续表

变量	（1） 主动——上游	（2） 主动——下游	（3） 被动——上游	（4） 被动——下游
$\phi_{j\leftarrow k} \times IO_{j\leftarrow k} \times innovation_{kct}$				−0.038 （0.040）
Observations	3327494	3327494	3327494	3327494
R^2	0.625	0.625	0.626	0.626
控制变量	控制	控制	控制	控制
行业固定效应	控制	控制	控制	控制
年份固定效应	控制	控制	控制	控制
城市群固定效应	控制	控制	控制	控制
聚类稳健标准误	控制	控制	控制	控制

注：括号内为稳健标准误，*、**、*** 分别表示 10%、5% 和 1% 的显著性水平。

2. 技术关联的空间共聚创新溢出效应

表 6-14 报告了对式（6-9）进行估计的结果，其中第（1）列和第（3）列汇报了产业 j 在技术上依赖产业 k 的条件下，产业 j 向产业 k 空间主动共聚和被动共聚的创新影响效应；第（2）列和第（4）列汇报了产业 j 在技术上被产业 k 依赖的条件下，产业 j 向产业 k 空间主动共聚和被动共聚的创新影响效应。从结果来看，在这四种条件下，产业的创新绩效均受到明显的差异性影响。与投入产出关联类似，基于技术关联的空间主动共聚能够产生一定的正向影响，而基于技术关联的空间被动共聚则表现出显著的负向影响，这再次验证了假说 2，即产业空间共聚存在非对称的创新溢出效应，但同样与假说 3 存在一定的出入，具备技术关联的产业间空间共聚的技术创新效应不是完全的正向提升效应。具体来看，产业 j 对产业 k 具有技术依赖的同时，主动向其空间共聚能够产生较强的创新绩效提升效果，而如果这种技术依赖关系倒转的话，那么会削弱一定的技术创新提升效应。同时，我们不得不面对的结果是，基于当前中国产业数据实证检验的技术关联的产业共聚，产生了"零和博弈"结果，被动共聚一方的"知识池"内的知识向主动共聚一方流动，进而产生了负面的创新提升效应，这符合生态学中的"寄生（Parasitism）作用"（Odum，2004）。而从现实来推断，我们猜测这与产业间空间主动共聚会加剧对技术人员的争夺或者非正当竞争的技术"剽窃"行为，当然这一猜想需要进一步地检验。这对地方围绕技术关联构建多样化产业集群提供一定的启示，如果具备双向协同选址的产业间具有技术关联，那么这种多

样化园区的整体创新能力将较强。而如果产业间只是单向的技术依赖关系，那么产业间的空间地理邻近将无助于整个集群的创新能力提升。因此，地方政府在构建产业创新集群时，要充分考察产业间的技术联系和空间选址规律，加强知识产权保护和行业运行规范。

表6-14 产业空间共聚与技术关联叠加的创新提升效应检验

变量	（1） 主动——技术依赖	（2） 主动——技术被依赖	（3） 被动——技术依赖	（4） 被动——技术被依赖
$\phi_{j \to k} \times Tech_{j \to k} \times innovation_{kct}$	0.018 （0.017）			
$\phi_{j \to k} \times Tech_{j \leftarrow k} \times innovation_{kct}$		0.068*** （0.020）		
$\phi_{j \leftarrow k} \times Tech_{j \to k} \times innovation_{kct}$			−0.102*** （0.024）	
$\phi_{j \leftarrow k} \times Tech_{j \leftarrow k} \times innovation_{kct}$				−0.044** （0.022）
Observations	3327494	3327494	3327494	3327494
R^2	0.625	0.627	0.628	0.627
控制变量	控制	控制	控制	控制
行业固定效应	控制	控制	控制	控制
年份固定效应	控制	控制	控制	控制
城市群固定效应	控制	控制	控制	控制
聚类稳健标准误	控制	控制	控制	控制

注：括号内为稳健标准误，*、**、*** 分别表示10%、5%和1%的显著性水平。

第七节 本章小结

本章验证了行业通过空间非对称性共聚形成差异化技术知识池的创新绩效提升效应。研究发现，行业会受到产业空间共聚形成的多样化技术知识池的正向影响，而这一技术知识池的规模与质量均能显著提升行业的创新规模与创新质量，这一结论通过了稳健性与内生性检验。同时，"主动共聚"与"被动共聚"两个方向上存在创新溢出效应差异，主动共聚的技术提升效果高于被动共聚。技术知识池的规模带来的创新绩效提升略高于技术知识池的质量带来的创新绩效提升。进一步地，通过实证检验，具有投入产出关联的行业间只有主动共聚才能显著提升双方行业的创新能力，而具备技术关联的产业共聚产生了显著的"寄生效应"，被动共聚的产业受到负向的创新溢出效应，而主动向技术关联地理邻近的产业的创新绩效能得到显著的提升，这为 Jacobs 外部性提供了一个新的解释视角的同时，也为中国产业集群的高质量创新发展提供了一定的决策依据。本书的政策启示体现在以下三个方面：

第一，产业间地理邻近带来的创新绩效提升显著，跨产业多元化发展是实现产业高质量发展的重要路径。这对本地区工业园区多元科学的规划构建本地韧性高、创新强的产业体系能够加速隐性知识传播，进而促进区域整体产业创新能力的提升，进而实现区域产业高质量发展。

第二，充分考虑产业间共聚的方向性，结合地区产业共聚的规律科学规划，营造良好的营商环境，促进主动空间共聚的发生。主动共聚是市场行为内在驱动产生的，政府应当主动把握产业体系内的核心产业，做好这些产业的招商引资工作，实现基于本地资源禀赋优势的核心产业与其具有主动空间共聚联系产业的多元化产业布局，有效实现本地区产业集聚创新高质量发展。其中要把握两个要点：①打破传统上基于产业链构建创新链的思维桎梏，本书的研究表明，产业链上下游产业的技术关联水平不一定较强，在交通基础设施较为完备的今天，通过城市群这一空间尺度实现产业链的分工是较为合理的产业空间布局模式；②要加强知识产权的保护，在保护本地支柱产业的创新产出的同时，通过构建良好的技术合作和知识产权保护环境实现产业间隐性知识的有效溢出。

第三，加强制度与机制建设，探索多元化的新型产业集群综合体。基于产业链构建的产业集群综合体在面对当前波云诡谲的国际政治与经济形势面前具有一定的脆弱性。需要进一步探索与把握产业间真正的技术联系，从人才、资本和制度多个方面创造高效的区域"技术知识蓄水池"与"人才蓄水池"，在产业创新升级过程中充分发挥多产业共聚形成的创新集群综合的整体优势，提高区域产业体系的整体创新水平与创新韧性。

当然，究竟何为合理的产业共聚创新生态需要进一步的研究，通过横向与纵向的综合比较，总结历史发展与现实需求的客观规律，得出具有实际指导意义的产业共聚指导体系是本书需要进一步深入发掘的主要议题。

第七章

城市群产业共聚的
就业增长效应研究

上述两章分别从静态角度分析了微观层面企业受到产业共聚的生产率溢出效应和中观层面产业受到产业共聚的创新绩效影响效应。本章将在静态模型的基础上提出跨产业溢出的动态就业增长模型，基于该模型框架验证产业共聚的两个方向对城市群产业增长的影响效应。进一步分析不同行业间的产业就业增长的空间溢出效应差别。

第一节　引言

产业的动态增长与高质量发展是中国当前两个"一百年"任务完成的重要一环，以城市群为主要载体，构建健康有序的产业结构体系是当前中国发展的核心议题。产业地理邻近带来的产业共聚在何种程度上促进产业的增长？产业增长受到"产业空间"这一网络的影响效应是否存在区域与产业间的差异？这是本章研究的主要核心议题。

本章结构有以下三个方面：一是将第五章提出的静态模型进一步扩展为动态模型，提出本章研究的实证理论框架；二是基于产业空间共聚的"向共聚"和"被共聚"两个方向上验证产业空间对产业增长的动态溢出影响；三是基于异质性的角度着重分析各个二位数行业的双向异质性就业增长效应分析。

第二节　动态模型分析

这一部分的动态模型基于第五章的静态模型发展而来，为了便于阅读，将第五章中与本章相关的公式推导如下。通过第五章式（5-6）可以得到 t 时期 c 城市群的第 j 个行业在厂商利润最大化的条件下的产业层面的均衡条件为：

$$L_{jct} = A_{jct}^{\frac{1}{1-\alpha}} p_{jt}^{\frac{1}{1-\alpha}} (\frac{\alpha}{w_t \lambda_{ct}})^{\frac{1}{1-\alpha}} \overline{R}_{jc} \qquad （5-6）$$

Glaeser 等（1992）年技术进步的动态表达式为式（5-10）：

$$\ln(\frac{A_{jct+1}}{A_{jct}}) = S_{jct} + \varepsilon_{jct} \qquad （5-10）$$

结合 Hanlon 和 Miscio（2017）对跨产业溢出效应的改进，打开跨产业溢出的"黑箱"，将技术进步看作就业的线性函数，结合本书的产业共聚的方式，可得：

$$S_{jct} = \tau_{jct} \sum_{k} \phi_{kj} \max\left[\ln(L_{kct}), 0\right] + \xi_{jt} + \psi_{ct} \qquad (5-11)$$

将式（5-6）进行动态差分，通过劳动雇佣的动态反映同一地区、同一产业两个不同时期的劳动力雇佣人数增长率的差额，可以得到式（7-1）：

$$
\begin{aligned}
\ln(L_{jct+1}) - \ln(L_{jct}) = (\frac{1}{1-\alpha})[&S_{jct} + [\ln(P_{jt+1}) - \ln(P_{jt})] + \\
&[\ln(\lambda_{ct+1}) - \ln(\lambda_{ct})] + \\
&[\ln(\overline{w}_{t+1}) - \ln(\overline{w}_t)] + e_{jct}]
\end{aligned}
\qquad (7-1)
$$

将式 S_{jct} 拆解为产业内溢出和跨产业溢出项代入式（7-1）中可以得到式（7-2）：

$$
\begin{aligned}
\ln(L_{ict+1}) - \ln(L_{jct}) = (\frac{1}{1-\alpha})[&\tau_{jj} \ln(L_{jct}) + \tau_{kj} \sum_{k \neq j} \phi_{kj} \ln(L_{kct}) + \\
&[\ln(P_{jt+1}) - \ln(P_{jt})] + \\
&[\ln(\lambda_{ct+1}) - \ln(\lambda_{ct})] + \\
&[\ln(\overline{w}_{t+1}) - \ln(\overline{w}_t)] + e_{jct}]
\end{aligned}
\qquad (7-2)
$$

其中，τ_{jj} 表示产业内部集聚带来的产业增长效应；τ_{kj} 表示跨产业间的共聚带来的互动溢出的产业增长效应，进一步简化式（7-2）可得：

$$\Delta\ln(L_{jct+1}) = \tilde{\tau}_{jj} \ln(L_{jct}) + \tilde{\tau}_{kj} \sum_{k \neq j} \phi_{kj} \ln(L_{kct}) + \theta_{ct} + \chi_{jt} + e_{jct} \qquad (7-3)$$

本书关心的是产业内溢出效应 $\tilde{\tau}_{jj}$ 和跨产业溢出的 $\tilde{\tau}_{kj}$，θ_{ct} 表示城市特征对产业增长的效应，χ_{jt} 表示产业特征对产业增长的效应，e_{jct} 表示地区内的产业特征对产业增长的影响。

第三节　城市群产业经济规模扩大实证检验

一、实证设计

Hanlon 和 Miscio（2017）参照 Thomas（1987）、Ellison 和 Glaeser（1997）的研究将式（7-3）中产业间的溢出分解为投入产出关联溢出、劳动统计特征的相似性关联溢出与劳动力素质相似性溢出三个方面，劳动特征关联与劳动力数值关联囿于中国的数据可得性问题无法获取。本书提出的产业空间共聚的关联性为研究这一跨产业溢出提出了新的解决方案，按照基于地理临近的产业共聚"向共聚"与"被共聚"双向效应和基于投入产出联系的双向效应，可以进一步将产业间的溢出进行拆分，基于这一设计的实证检验模型为：

$$\Delta L_{jct+1} = \alpha + \beta_1 Coagg\_outward_{jct} + \beta_2 Coagg\_inward_{jct} + \beta_3 IO\_inward_{jct} + \\ \beta_4 IO\_outward_{jct} + \beta_5 \ln(L_{jct}) + \theta_{ct} + \chi_{jt} + e_{jct} \tag{7-4}$$

其中，β_1 验证城市群产业向其他产业空间共聚对其规模增长带来的动态增长效应，β_2 验证城市群产业被其他产业空间共聚对其规模增长带来的动态增长效应，β_3 验证城市群产业基于投入产出的投入关联带来的规模动态增长效应，β_4 验证城市群产业基于投入产出的产出关联带来的规模动态增长效应，β_5 验证城市群产业自身内部溢出带来的动态增长效应。本书通过控制城市群、三位数产业的固定效应可以解决城市特征 θ_{ct} 和产业特征 χ_{jt} 以及其他不可观测的因素对实证结果的影响。

二、变量介绍

本章的劳动力数据均基于《中国工业企业数据库》（1998~2007）获取与计算所得，并且所有指标均进行对数化处理。考虑到 2002 年、2011 年国家统计局对产业代码划分进行了调整，本章对此进行了对齐矫正。从第三章的产业共聚的影响因素的研究中，实证结果发现了投入产出关联与产业共聚存在的强相关关系，因此模型中的产业共聚采用产业空间密度的指标予以计算，即采用第四章中基于产业空间的就业密度指标进行计算，投入产出关联的相关指标基于《2012 年全国 139 行业投入产出表》计算获得。各个变量的描述性统计如表 7-1 所示。

表 7-1　产业共聚的就业增长效应实证描述性统计

	均值	标准差	最小值	最大值
ΔL_{jct+1}（对数）	0.253	1.129	−8.582	10.635
Coagg_outwardjct	0.103	0.079	0	0.458
Coagg_inwardjct	0.073	0.890	0	0.545
IO_outwardjct	21.164	1.536	0	24.538
IO_inwardjct	18.877	5.922	0	24.678
ln（L_{jct}）	8.174	2.070	0.523	14.800

三、实证结果

表7-2汇报了基于式（7-3）的回归结果，表7-2中第（1）列汇报了不控制城市群固定效应、三位数产业固定效应和不采用聚类情形下的实证结果，产业共聚的空间关联的"向共聚"对产业就业动态增长的效应显著为负，而产业空间关联的"向共聚"、投入产出的双向关联影响均为正，其中只有投入产出关联的动态影响效应显著为正。在控制了城市群固定效应、三位数产业固定效应以及聚类到年份与城市群的交乘后（见表7-2第（2）列），产业共聚空间关联的"向共聚"对产业就业动态增长的效应在1%的显著性水平下显著为负；产业共聚空间关联的"被共聚"的对产业就业动态增长的影响在5%的显著性水平下显著为正；投入产出关联对产业就业动态增长影响为正，但不显著；产业自身的溢出水平对产业就业增长的影响显著为负。表7-2中第（3）列与第（4）列在控制固定效应和聚类的情形下对产业共聚关联与投入产出关联进行回归，结果与第（2）的结果基本一致。

表7-2　产业共聚的就业动态增长效应回归结果

	（1）	（2）	（3）	（4）
$Coagg\_outwardjct$	−0.293** (−2.35)	−1.324*** (−3.89)	−1.111*** (−3.47)	
$Coagg\_inwardjct$	0.134 (1.21)	0.349** (1.99)	0.394** (2.28)	
$IO\_outwardjct$	0.006 (0.92)	0.026 (1.34)		0.006 (0.31)
$IO\_inwardjct$	0.005*** (2.85)	0.002 (0.89)		0.002 (1.23)
$\ln(L_{jct})$	−0.197*** (−46.12)	−0.375*** (−6.06)	−0.373*** (−6.03)	−0.367*** (−5.97)
常数项	1.674*** (12.78)	2.841*** (3.59)	3.391*** (6.24)	3.088*** (3.94)
观察值	14823	14823	14823	14823
R^2	0.127	0.290	0.289	0.285
城市群固定效应	NO	YES	YES	YES
三位数产业固定效应	NO	YES	YES	YES

续表

	（1）	（2）	（3）	（4）
年份＃城市群聚类	NO	YES	YES	YES

注：**、***分别表示5%和1%的显著性水平。括号内为t值。

资料来源：笔者利用STATA软件计算。

产业共聚"被共聚"关联效应与投入产出关联的双向效应对产业就业动态增长的影响方向是符合经济直觉的，产业的就业增长受到了来自产业空间网络被其他产业共聚所带来的正外部性。在回归结果中，产业溢出效应对城市群内产业的就业增长的贡献是负的，这乍一看不太符合经济直觉。在 Hanlon 和 Miscio（2017）对于英国 1859~1911 年产业增长的动态研究中产业内部的溢出效应的动态增长也是显著为负，其对此的解释是这一效应反映了产业内集聚力的净效应，这种净效应可能是通过产业的集聚力和分散力之间的平衡产生的，如技术在城市间的扩散导致的竞争加剧会使结果为负，这说明产业内集聚效应通常不会对城市产业的就业增长做出积极贡献。同样，产业向其他产业共聚受到的动态增长溢出效应也可能来自竞争效应带来的负面增长效应。同时，必须意识到这一负向的动态增长效应是一种加总效应，不同产业之间可能存在非常大的异质性，参考 Hanlon 和 Miscio（2017）的做法，本章将进一步拆分各个产业的结果进一步分析这些效应的分产业的影响差异。

第四节　产业就业动态增长的异质性效应分析

一、行业异质性考察

在第五章与第六章中，本书分别考察了微观企业生产率和宏观产业创新产出在不同产业中受到产业空间共聚网络带来的异质性溢出影响差异，且验证在不同技术产业间在"向共聚"和"被共聚"两个方向上存在的显著差异。与上述两方面的考察结果同时存在正向影响的结论不同，在以就业规模为考察对象的产业动态增长效应的总体结果来看，两个方向上出现了截然相反的结果，在"向共聚"方向上，就业增长的产业共聚影响效应显著为负，而"被共聚"方向上的结果显著为正，从前人的研究来看，这可能与产业间的异质性差异有关（Hanlon &

Miscio，2017）。为了验证这一结论是否在中国的城市群空间下同样存在，将式（7-3）按照二位数产业分类进行分组回归进一步讨论产业动态增长的产业异质性的差异，共考察了39个二位数产业部门的相应影响效应。

图7-1展示了产业共聚关联中的"向共聚"对产业就业增长的影响差异，图中展示了各个产业分组回归系数与置信区间的差异，并按照系数由低到高进行排序。从图7-1中可以发现，产业共聚关联中"向共聚"对城市群产业就业增长的加总效应显著为负，分产业来看绝大部分产业的影响效应系数也均显著为负。其中，负向影响最强的前五位产业分别为其他采矿业，饮料制造业、燃气生产和供应业，木材加工及木、竹、藤、棕、草制品业以及农副食品加工业，均为劳动密集型和资源密集型产业。而化学纤维制造业、医药制造业、专用设备制造业等技术密集型制造业虽然受到向其他产业共聚的影响，效果也显著为负，但这一产业群体整体的负向影响效应与排名靠前的产业相比要偏弱一些。值得注意的是，有四个产业的影响系数是大于零的，分别是石油加工、炼焦及核燃料加工业，废弃资源和废旧材料回收加工业，工艺品及其他制造业以及石油和天然气开采业，以资源密集型产业为主。总体来说，产业向其他产业共聚受到的就业增长效应是显著为负的，从分产业来看，产业间的差异也存在显著的差异，劳动密集和资源密集型产业受到负向影响的效应更强，而技术密集型受到的负向影响偏弱，一部分资源密集型产业出现了受到正向影响的倾向。

与之相应的，图7-2展示了产业共聚关联中的"被共聚"对产业就业增长的影响差异，图中展示了各个产业回归的系数与置信区间的差异，并按照系数由低到高进行排序。从结果可以发现，虽然产业共聚关联中的"被共聚"对城市群产业就业增长加总效应是显著正相关，但是仍然有相当部分（16/39）的二位数部门的产业共聚影响系数是负相关的。在研究的39个二位数产业中，系数大于0值的产业有23个行业，而且大部分产业均为技术密集型与资本密集型产业。其中，非金属矿物制品业、黑色金属冶炼及压延加工业和交通运输设备制造业的正向影响显著，交通运输设备制造业在1%的显著水平上显著为正。而系数小于0的产业共有16个，诸如食品制造业、塑料制品业、家具制造业多为劳动密集型产业。不过也有少数技术密集型产业，如通信设备、计算机及其他电子设备制造业和电气机械及器材制造业的系数为负。总体来说，从被其他产业共聚这一方向上来说，产业获得的就业增长效应存在显著的产业间异质性，相对来说，技术水平较高、资本密集度更高的产业被其他产业共聚能够享受更多的技术外溢，进而带来更强的就业增长效应。

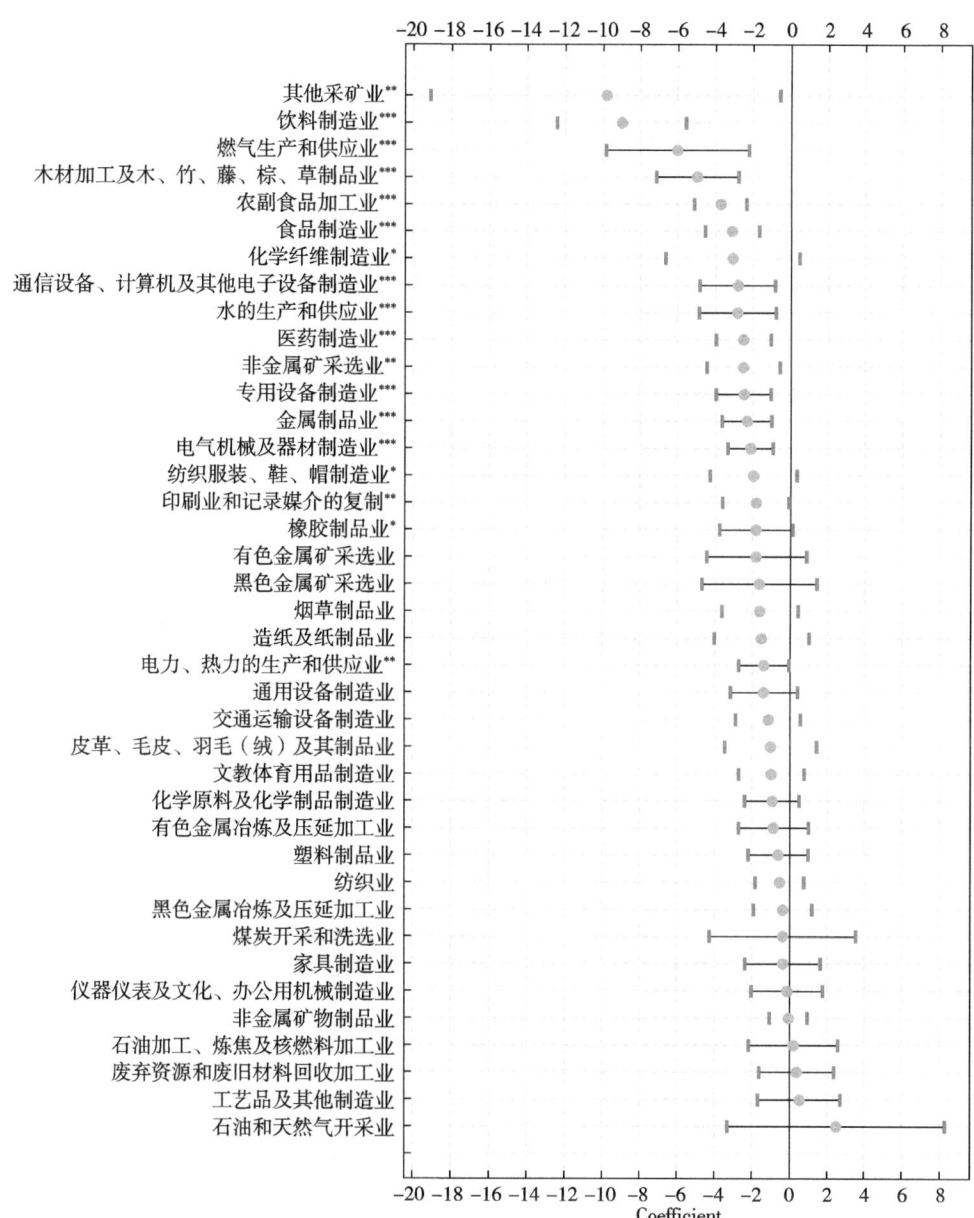

图 7-1 产业共聚关联中"向共聚"产业就业增长行业异质性对比

注:*、**、*** 分别表示 10%、5% 和 1% 的显著性水平。图中置信区间为 95% 置信度下的系数置信区间。

资料来源:笔者绘制。

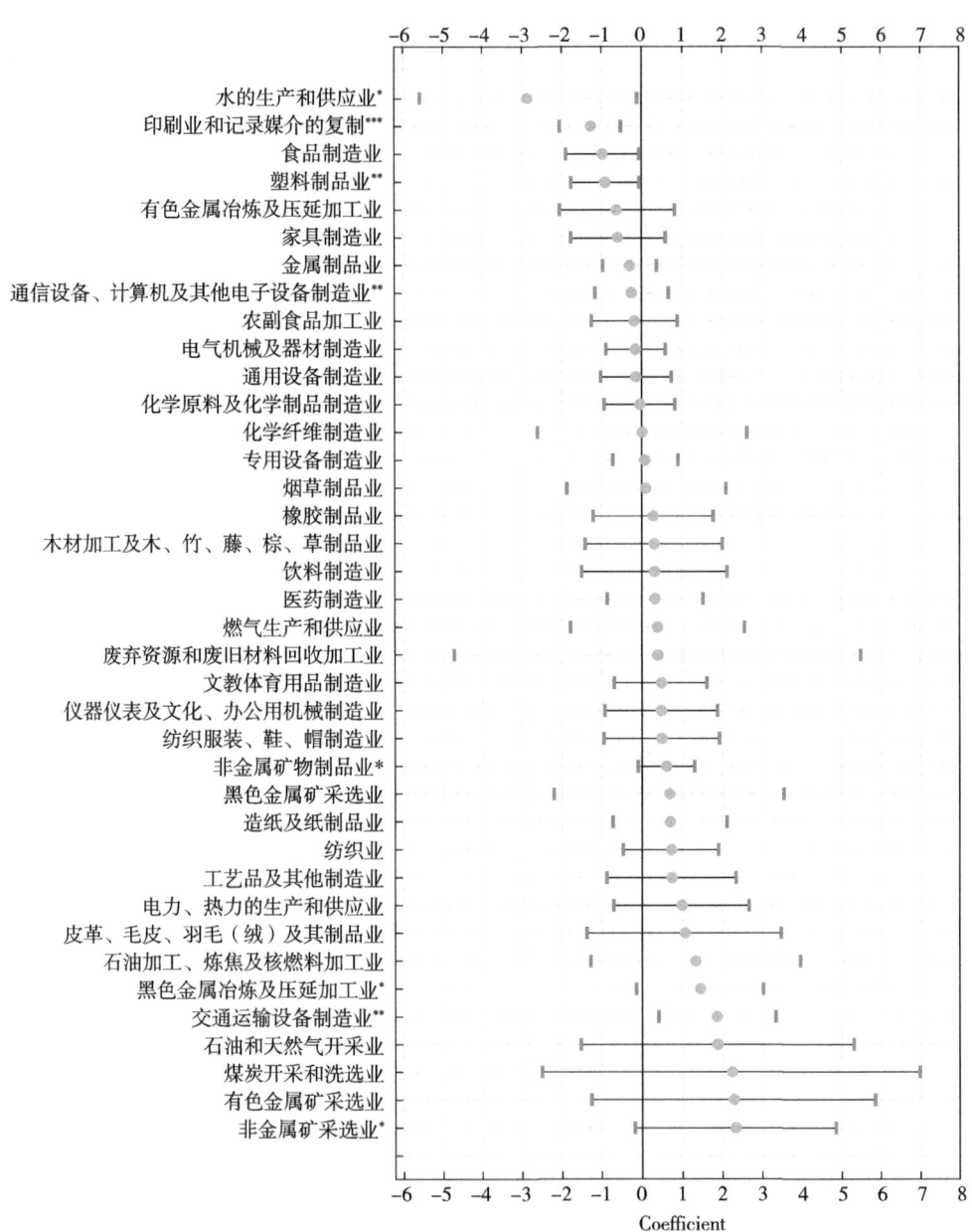

图7-2 产业共聚关联中"被共聚"产业就业增长行业异质性对比

注：*、**、*** 分别表示10%、5%和1%的显著性水平。图中置信区间为95%置信度下的系数置信区间。

资料来源：笔者绘制。

二、地区间异质性考察

进一步考察城市群尺度下产业共聚对产业就业增长的地区异质性效应差异。表7-3汇报了根据东、中、西三个部分划分的分组回归结果。从产业共聚"向共聚"的影响来看，在东部、中部和西部地区，产业向其他产业共聚均产生的显著负向影响效果，系数分别为 -0.623、-2.120 和 -3.023。为了进一步比较各地区的影响强弱，通过交叉项的方式进行回归，从表7-4的结果来看，中部相对于东部的系数差异最大，西部相对于东部的系数差异较小，因此，从排序上来看，产业共聚"向共聚"方向上产生的负向就业增长效应东部强于西部，西部强于中部。从产业共聚的"被共聚"的影响来看，在东部地区产业共聚对产业就业动态影响的效果显著为正，而中部和西部的影响效果不显著，且西部的影响效果出现了负效应。同样，从表7-4的结果来看，东中西部的影响效应存在显著差异，东部的正向影响效果最强，西部次之，中部最弱。总体来看，产业共聚的就业动态影响效应存在显著的地区差异性，不同共聚方向间也存在显著的地区性差异，从共聚的效果角度看，东部地区从产业共聚的就业动态增长获取的正外部性是最强的，西部地区次之，中部地区最弱。

表7-3　产业共聚的就业动态增长效应地区异质性分组回归结果

	（1）	（2）	（3）	（4）
	全部地区	东部	中部	西部
$Coagg\_outward_{jct}$	-1.324^{***}	-0.623^{*}	-2.120^{***}	-3.023^{***}
	（-3.89）	（-1.77）	（-3.14）	（-3.70）
$Coagg\_inward_{jct}$	0.349^{**}	0.504^{*}	0.135	-0.337
	（1.99）	（1.91）	（0.79）	（-1.14）
$IO\_outward_{jct}$	0.026	0.034	0.058^{**}	0.035
	（1.34）	（1.01）	（2.17）	（1.16）
IO_inward_{jct}	0.002	0.006	0.001	0.006^{**}
	（0.89）	（1.10）	（0.54）	（2.58）
$\ln(L_{jct})$	-0.375^{***}	-0.452^{***}	-0.367^{***}	-0.509^{***}
	（-6.06）	（-3.75）	（-7.10）	（-4.39）
常数项	2.841^{***}	3.688^{**}	2.055^{***}	3.350^{**}
	（3.59）	（2.53）	（2.93）	（2.62）
观察值	14823	4937	5651	4235
R^2	0.290	0.417	0.242	0.385

续表

	（1）	（2）	（3）	（4）
	全部地区	东部	中部	西部
城市群固定效应	YES	YES	YES	YES
三位数产业固定效应	YES	YES	YES	YES
年份＃城市群聚类	YES	YES	YES	YES

注：*、**、*** 分别表示 10%、5% 和 1% 的显著性水平。括号内为 t 值。

资料来源：笔者利用 STATA 软件计算。

表 7-4 产业共聚的就业动态增长效应地区异质性效应强弱比较回归结果

	向共聚		被共聚	
	全部地区	分地区	全部地区	分地区
	（1）	（2）	（3）	（4）
$Coagg\_outward_{jct}$	−1.324***			
	（−3.89）			
$Coagg\_outward_{jct}\_East$		0.569**		
		（2.36）		
$Coagg\_outward_{jct} \times Central$		−1.985***		
		（−3.16）		
$Coagg\_outward_{jct} \times West$		−1.216**		
		（−2.41）		
$Coagg\_inward_{jct}$			0.349**	
			（1.99）	
$Coagg\_inward_{jct}\_East$				1.638***
				（5.32）
$Coagg\_inward_{jct} \times Central$				−2.119***
				（−4.55）
$Coagg\_inward_{jct} \times West$				−1.431***
				（−4.78）
控制变量	YES	YES	YES	YES
观察值	14823	14823	14823	14823
城市群固定效应	YES	YES	YES	YES
三位数产业固定效应	YES	YES	YES	YES
年份＃城市群聚类	YES	YES	YES	YES

注：**、*** 分别表示 5% 和 1% 的显著性水平。括号内为 t 值。

资料来源：笔者利用 STATA 软件计算。

第五节　本章小结

　　本章基于考察产业内溢出与产业间溢出的动态增长模型，实证考察了产业空间共聚的"向共聚"和"被共聚"两个方向对产业增长的动态溢出影响。基于异质性的角度着重分析各个二位数行业的双向异质性就业增长效应分析。产业共聚空间关联的"向共聚"的溢出效应显著负向影响产业的动态增长，产业共聚空间关联的"被共聚"的显著正向影响产业动态增长。从产业异质性的角度进一步分析，相当一部分的二位数产业在"向共聚"方向负向影响产业就业的动态增长，且劳动密集型和资源密集型产业受到的影响强于技术密集型和资本密集型产业，而在"被共聚"方向正向影响产业就业动态增长的产业多为技术密集型和资本密集型产业，受到负向影响的多为劳动密集型产业。从地区异质性的角度来看，东中西部产业共聚产生的就业动态增长影响存在显著的差异，从共聚的正外部性的角度来看，东部的正外部性最强，西部地区次之，中部地区最弱。

第八章

结论、政策启示及研究展望

第一节 结论

本书通过地理空间大数据、机器学习算法与假设检验蒙特卡洛模拟方法对中国城市群产业空间共聚的静态分布、动态演变进行刻画,通过理论模型、大数据分析和实证研究验证了城市群空间下产业空间共聚对微观企业全要素生产率、宏观产业创新数量与质量、产业动态增长的影响效应。本书的研究是对产业经济学与区域经济学研究的有益补充,进一步扩展了当前城市群产业空间治理的研究工具和研究内涵。

本书主要有以下五个研究结论:

(1)通过从对中国 21 个城市群的产业共聚测度的研究结果发现,中国城市群产业空间共聚指数的总体分布存在显著差异,这种差异一方面来自跨产业共聚与同产业共聚层面,另一方面来自区域层面。总体分布上城市群产业间共聚的水平远低于产业间非聚的水平,而同二位数产业下的产业间共聚水平高于非共聚的水平。2007~2013 年中国城市群产业间共聚总体水平降低、局部精细化合作水平提升。从产业共聚的影响因素上来看,投入产出关联与技术关联对产业间的共聚发生的影响显著,且规模差距产生的"学习效应"是一个重要的产业影响因素;从区域影响因素角度来看,在城市群层面上的政府规模、经济水平、交通基础设施与开放程度都不同程度地抑制了产业共聚的发生。

(2)本书将"产业空间"定义为:一定空间尺度下通过产业间的矢量空间临近关系构建的产业复杂网络,这一网络通过产业间具备方向性的产业地理空间关联描绘空间下的产业体系。从这一反映产业空间关联全貌的概念出发,以长江三角洲城市群为主要研究对象,刻画了该城市群 1998~2013 年产业空间的结构形态与演变趋势。总体上看,长三角产业空间结构经历先趋于紧密后趋于分散的倒"U"型过程,2008 年前后是空间结构趋势转变的拐点。从产业空间的结构形态上来看,长三角地区支柱产业呈现多元化发展趋势,支柱产业向高质量、高技术产业转变,表明区域内产业内部结构优化特征。进一步地,本书从劳动力池、技术溢出及规模效应的角度分析长三角城市群产业空间结构差异及演变趋势,发现劳动力密集型支柱产业在网络中的地位逐步下降,技术密集型支柱产业与规模经济支柱产业在网络中的地位逐步增强。

(3)对于产业共聚形成的产业空间网络带来的生产率绩效提升效应的研究,

本书的研究结果表明企业的生产率在两个方向上均显著受到产业共聚带来的正向外部性的影响，同时"向共聚"的效应显著高于"被共聚"的影响。从地区异质性和产业异质性两个角度讨论了企业生产率绩效提升的差异性研究结果来看，产业空间共聚的主动共聚与被动共聚在地区层面存在显著差距，"向共聚"水平影响效应上"东弱中西强"，而"被共聚"水平影响效应上"东中强西弱"。在"向共聚"方向上，高技术与中技术、低技术产业间不存在显著差异，而"被共聚"方向上，中技术和低技术产业的影响效应均在显著低于高技术影响效应。

（4）对于产业共聚形成的空间网络对产业创新绩效提升的影响研究，本书的研究发现，产业在其空间共聚网络中能够获取外部性，产生明显的创新绩效提升，而产业间的空间临近促进隐性知识的传播是产业创新绩效提升的重要机制，这一结论在创新产出的数量和质量方面都得到了验证；同时，"向共聚"与"被共聚"两个方向上存在创新溢出效应差异，主动共聚的技术提升效果明显高于被动共聚。进一步地研究发现，与空间共聚关联相类似，具有更强的投入产出关联和技术关联的产业之间都能产生更大的创新溢出；而且，从空间共聚的叠加效应来看，基于投入产出关联而形成的空间共聚并未带来明显的创新绩效提升效果；而具备技术关联的产业空间共聚产生了显著的"偏利共生"型创新溢出效果，即被依赖自身技术的产业共聚会导致该产业创新绩效下降，而主动向与自身技术关联较强的产业空间临近则可以带来显著的创新绩效提升，这为 Jacobs 外部性提供一个新的解释视角。

（5）对于产业共聚形成的空间网络对产业创新绩效提升的影响研究，本书的研究发现，产业共聚空间关联的"向共聚"的溢出效应显著负向影响产业的动态增长，产业共聚空间关联的"被共聚"的显著正向影响产业动态增长。从产业异质性的角度进一步分析，相当一部分的二位数产业在"向共聚"方向正向影响产业的动态增长，这些产业以技术密集型和资本密集型产业为主，而在"被共聚"方向正向影响产业就业动态增长的产业多为劳动密集型和资源密集型产业。

第二节　政策启示和研究展望

基于以上城市群共聚水平的测度、动态演变以及生产率绩效、创新绩效和增长绩效的研究，本书可以得出以下六项政策启示：

第一，建立与完善以城市群为主导的产业空间治理体系，将产业互动融合与产业链高效整合作为城市群产业空间治理的重点与方向。各城市群在寻求产业结构升级并高质量发展过程中,要充分考虑产业间的内在联结关系,特别是产业间的单方向关联,对这一客观规律的准确认知有利于区域产业结构调整的高效、合理与科学决策。

第二,产业空间治理存在较大的政策施展空间,一方面城市群跨二位数产业间的共聚水平仍有较大的发展空间,利用跨二位数产业的事实共聚突破传统产业划分壁垒,进而实施高效产业空间结构调整是未来城市群产业治理的重要抓手;另一方面产业性质相似的产业间存在空间依赖,城市群产业政策需要充分调动同二位数产业的共享生产要素,合理配置产业上下游产业资源高效共聚以形成良性的产业发展生态圈。

第三,鉴于当前中国各个城市群的产业共聚程度与模式存在较为明显的不同,城市群治理群体需要制定差异化的产业治理策略。主要体现在决策者结合本区域内现有产业空间分布特点,摸清内部产业空间结构,促使具备投入产出依赖与技术依赖等共聚条件产业间共聚的"从无到有",提升高效能、高产能产业间共聚的"从有向优"。

第四,面对产业高质量发展与战略性新兴产业发展的客观需求,地方政府应当进一步为高技术产业的有效共聚提供良好的外部条件,一方面要尊重投入产出关系与技术依赖对产业共聚影响的客观规律,在建立高新技术园区时充分考虑园区内部产业细分技术差距与特点,切勿"生拉硬搬"强行上马一些不符合产业规律的项目;另一方面经济落后地区应当进一步发挥市场的自发力量(如马歇尔外部性、规模经济等),虽然这些地区通过税收优惠、补贴等政策吸引部分技术密集型产业集中在某个区域,但是产业间能否发挥劳动力、技术与市场的正外部性,仍然需要进一步借助市场力量优化当前技术密集型产业的空间布局。

第五,产业地理临近带来的生产率绩效、创新绩效和增长绩效提升显著,通过科学规划工业园区的做法能够加速隐性知识传播、降低产业间交易成本,进而促进区域生产率、创新能力提升和产业综合能力的增长。同时,需要充分考虑产业间共聚的方向性带来的差异性影响结果,结合地区特征及产业共聚的规律科学规划,营造良好的营商环境,促进主动空间共聚的发生。建立具有技术关联的产业集群综合体,打破"零和博弈",促进区域产业体系创新能力的综合提高。

第六,对于区域内部诸如外资投资、交通基础设施等多个经济因素对产业空间分布的冲击效应,各个区域应当从实际出发,统筹规划,形成相互合作、有效竞争的产业空间新稳态。产业空间概念的提出与应用,将为国家、城市群、省、地、市各个行政层级的产业政策与城市规划决策者提供决策判断依据。通过刻画特定区域内部的产业空间关联把握在地区特色影响下的产业体系规律，决策者可在产业体系转型升级并高质量发展的政策引导中更有针对性、更具全局观。

本书主要的工作是对中国城市群产业共聚水平的测度及其经济增长效应的研究。主要依据机器学习算法和复杂网络理论，结合技术进步与产业增长理论探讨城市群产业共聚如何影响城市群产业的经济绩效。然而，本书至少还在以下四个方面存在着一定程度的不足，也是本书未来进一步研究的方向：

第一，在城市群产业共聚的测度方面。产业共聚指数的内涵十分丰富，本书对测算结果进行了粗略分析，结合投入产出表对产业单向共聚与双向共聚的模式进行分类，挖掘产业链、产业生态与产业空间分布的内在机理是未来的一个重要研究拓展方向。

第二，仅从政府规模的角度讨论产业空间共聚的影响因素是不充分的，中国特色社会主义市场经济中的政府产业政策引导对产业空间的分布的影响也十分重要，未来的研究中可以进一步拓展政府主导产业政策等视角对产业空间共聚的影响。

第三，城市群产业共聚的经济绩效研究方面。对于产业共聚对经济绩效的影响机制的检验仍然不够充分，探索产业共聚的经济绩效的广度和深度都有待进一步发掘。对于理论模型的应用仍然比较浅显，对于提供实证的理论框架已然够用，但是如何通过模型为产业空间共聚的影响机制提供理论指导需要进一步深入研究，笔者能力所限，在本书中没有开展相关的研究。此外，对于因果推断的工具变量的选择，本书选择的滞后多期产业相关变量与被解释变量的外生性仍然不足，进一步开发合理的工具变量是未来需要进一步探索的内容。

第四，究竟何为合理的产业共聚创新生态，需要进一步的研究，通过横向与纵向的综合比较，总结历史发展与现实需求的客观规律，得出具有实际指导意义的产业共聚指导体系是本书需要进一步深入发掘的。产业空间的复杂网络具有广阔的研究前景，基于社交网络分析的研究范式对产业空间的研究同样适用。产业空间的复杂网络可以作为空间计量分析中的距离矩阵，为研究政策效应的跨产业溢出效应评估提供了全新的视角。当然，基于多区域与多年份的产业空间体系的刻画，在参照其他经济指标的基础上，提出最优的"产业空间"，为地方产业空间规划提出参照标准也是未来一个重要的拓展方向。同时，将机器学习领域的其他分布距离测度方法应用到产业空间的描绘上，并与本书的测度方法进行比较以验证其稳健性也是未来重要的研究拓展。此外，基于机器学习的空间分布相似研究产业共聚的测度思想还可以扩展延伸至城市群空间治理的各个领域，例如，土地管理和生态治理等带有空间地理特征的主题均可以运用这一方法进行空间结构层面的研究。

参考文献

一、英文部分

［1］Ahlfeldt G M, Redding S J & Sturm D M, et al. The Economics of Density: Evidence From the Berlin Wall［J］. Econometrica, 2015, 83(6): 2127–2189.

［2］Akcigit U & Kerr W R. Growth through Heterogeneous Innovations［J］. The Journal of political economy, 2018, 126(4): 1374–1443.

［3］Albouy D. The Unequal Geographic Burden of Federal Taxation［J］. Journal of Political Economy, 2009, 117(4): 635–667.

［4］Allen T, Arkolakis C & Takahashi Y. Universal Gravity［J］. Journal of Political Economy, 2020, 2(128): 393–433.

［5］Alonso W. Location and Land Use: Toward a General Theory of Land Rent［J］. Economic Geography, 1964, 42(3):277.

［6］Alonso–Villar O. Urban Agglomeration: Knowledge Spillovers and Product Diversity［J］. The Annals of Regional Science, 2002, 36(4): 551–573.

［7］Anas A & Xu R. Congestion, Land Use, and Job Dispersion: A General Equilibrium Model1［J］. Journal of Urban Economics, 1999, 3(45): 451–473.

［8］Anas A, Arnott R & Small K A. Urban Spatial Structure［J］. Journal of Economic Literature, 1998, 3(36): 1426–1464.

［9］Arrow K. Economic Welfare and the Allocation of Resources for Invention［M］. Princeton, NJ: Princeton Univ. Press, 1962.

［10］Artuç E & McLaren J. Trade Policy and Wage Inequality: A Structural Analysis with Occupational and Sectoral Mobility［J］. Journal of International Economics, 2015, 97(2): 278–294.

［11］Audretsch D B. R and D Spillovers and the Geography of Innovation and Production［J］. The American Economic Review, 1996, 86(3): 630.

［12］Autant–Bernard C. Science and Knowledge Flows: Evidence From the French Case［J］. Research policy, 2001, 30(7): 1069–1078.

［13］Bai C, Du Y, Tao Z. Local protectionism and regional specialization: evidence from China's industries［J］. Journal of International Economics, 2004(6): 397–417.

［14］Baldwin R & Martin P, Agglomeration and Regional Growth［Z］. In CEPR Discussion, 2003: 2672–2711.

［15］Balland P A, Rigby D & Boschma R. The Technological Resilience of US Cities［J］. Cambridge Journal of Regions, Economy and Society, 2015, 8(2): 167–184.

〔16〕Balsvik R. Is Labor Mobility a Channel for Spillovers From Multinationals? Evidence from Norwegian Manufacturing〔J〕. The Review of Economics and Statistics, 2011, 93(1): 285–297.

〔17〕Baptista R. Productivity and the Density of Local Clusters〔A〕.//Innovation Clusters and Interregional Competition〔M〕. Berlin: Springer, 2003.

〔18〕Bar–Ilan A & Strange W C. Urban Development with Lags〔J〕. Journal of Urban Economics, 1996, 39(1): 87–113.

〔19〕Barlet M, Briant A & Crusson L. Location Patterns of Service Industries in France: A Distance–Based Approach〔J〕. Regional Science and Urban Economics, 2013, 43(2): 338–351.

〔20〕Barrios T, Diamond R & Imbens G W, et al. Clustering, Spatial Correlations, and Randomization Inference〔J〕. Journal of the American Statistical Association, 2012, 107(498): 578–591.

〔21〕Baum–Snow N & Ferreira F. Causal Inference in Urban and Regional Economics〔J〕. In Handbook of Regional and Urban Economics; Elsevier B.V, 2015(5): 3–68

〔22〕Baum–Snow N, Brandt L & Henderson J V, et al. Roads, Railroads, and Decentralization of Chinese Cities〔J〕. The Review of Economics and Statistics, 2017, 3(99): 435–448.

〔23〕Behrens K & Bougna T. An Anatomy of the Geographical Concentration of Canadian Manufacturing Industries〔J〕. Regional Science and Urban Economics, 2015(51): 47–69.

〔24〕Behrens K, Duranton G & Robert–Nicoud F. Productive Cities: Sorting, Selection and Agglomeration〔J〕. Cepr Discussion Papers, 2014, 122(7922): 507–553.

〔25〕Belloni A, Chen D & Chernozhukov V, et al. Sparse Models and Methods for Optimal Instruments with an Application to Eminent Domain〔J〕. SSRN Electronic Journal, 2011:Econometrica, 2012,80(6): 2369–2429.

〔26〕Bertrand M, Duflo E & Mullainathan S. How Much Should we Trust Differences–in–Differences Estimates?〔J〕. The Quarterly Journal of Economics, 2004, 119(1): 249–275.

〔27〕Bilir K, Tonetti C & Allen T. The Spatial Diffusion of Knowledge〔R〕. 2017 Meeting Papers, 2017.

〔28〕Billings S B & Johnson E B. Agglomeration within an Urban Area〔J〕. Journal of Urban Economics, 2016 (91): 13–25.

〔29〕Bouet V & Klimenko A Y. Graph Clustering in Industrial Networks〔J〕. IMA Journal of Applied Mathematics, 2019, 84(6): 1177–1202.

〔30〕Brandt L, Van Biesebroeck J & Zhang Y. Creative Accounting or Creative Destruction? Firm–Level Productivity Growth in Chinese Manufacturing〔J〕. Journal of Development Economics, 2012, 97(2): 339–351.

〔31〕Brinkman J C. Congestion, Agglomeration, and the Structure of Cities〔J〕. Journal of Urban Economics, 2016(94): 13–31.

〔32〕Bryan G & Morten M. The Aggregate Productivity Effects of Internal Migration: Evidence From Indonesia〔J〕. Journal of Political Economy, 2019, 127(5): 2229–2268.

〔33〕Buzard K, Carlino G A & Hunt R M, et al. Localized Knowledge Spillovers: Evidence from the Spatial Clustering of R & D Labs and Patent Citations〔J〕. Regional Science and Urban Economics, 2020(81): 103490.

〔34〕Caliendo, Lorenzo & Parro, et al. The Impact of Regional and Sectoral Productivity

Changes on the US Economy [J]. Review of Economic Studies, 2018, 4(85): 2042–2096.

[35] Caliendo, Marco & Nn K, et al. The Return to Labor Market Mobility: An Evaluation of Relocation Assistance for the Unemployed. [J]. Journal of Public Economics, 2017, 148(c): 136–151.

[36] Capozza D R & Helsley R W. The Stochastic City [J]. Journal of Urban Economics, 1990, 28(2): 187–203.

[37] Carlino G A. Contrasts in Agglomeration: New York and Pittsburgh Reconsidered [J]. Urban Studies (Edinburgh, Scotland), 1980, 17(3): 343–351.

[38] Carlsson J G, Behroozi M & Mihic K. Wasserstein Distance and the Distributionally Robust TSP [J]. Operations Research, 2018, 66(6): 1603–1624.

[39] Carrasco M. A Regularization Approach to the Many Instruments Problem [J]. Journal of Econometrics, 2012, 170(2):383–398.

[40] Caselli F, Esquivel G & Lefort F. Reopening the Convergence Debate: A New Look at Cross–Country Growth Empirics [J]. Journal of Economic Growth (Boston, Mass.), 1996, 1(3): 363–389.

[41] Cassey A J & Smith B O. Simulating Confidence for the Ellison–Glaeser Index [J]. Journal of Urban Economics, 2014(81): 85–103.

[42] Cicala S. Imperfect Markets Versus Imperfect Regulation in U.S. Electricity Generation [R]. Nber Working Papers, 2017.

[43] Ciccone A & Hall R E. Productivity and the Density of Economic Activity [J]. The American Economic Review, 1996, 86(1): 54–70.

[44] Ciccone A. Agglomeration Effects in Europe [J]. European Economic Review, 2002, 46(2): 213–227.

[45] Combes P & Gobillon L, The Empirics of Agglomeration Economies [J]. In Handbook of Regional and Urban Economics; Elsevier B.V, 2015: 247–348

[46] Combes P P, Duranton G & Gobillon L. The Identification of Agglomeration Economies[J]. Journal of Economic Geography, 2011, 11(2): 253–266.

[47] Combes P, Duranton G & Gobillon L, et al. The Productivity Advantages of Large Cities: Distinguishing Agglomeration From Firm Selection [J]. Econometrica, 2012, 80(6): 2543–2594.

[48] Combes P, Duranton G & Gobillon L. Spatial Wage Disparities: Sorting Matters! [J]. Journal of Urban Economics, 2008, 63(2): 723–742.

[49] Combes P. Economic Structure and Local Growth: France, 1984–1993 [J]. Journal of Urban Economics, 2000, 47(3): 329–355.

[50] Costinot A & Vogel J. Matching and Inequality in the World Economy [J]. Journal of Political Economy, 2010, 118(4): 747–786.

[51] Crafts N & Mulatu A. How Did the Location of Industry Respond to Falling Transport Costs in Britain Before World War I? [J]. The Journal of Economic History, 2006, 66(3): 575–607.

[52] Cuturi M. Sinkhorn Distances: Lightspeed Computation of Optimal Transport [A]. Advances in Neural Znformation Processing Systems, 2013(26):2292–2300.

[53] D. R D & D. E W. Bones, Bombs, and Break Points: The Geography of Economic Activity [J]. The American Economic Review, 2002, 92(5): 1269–1289.

［54］David H & Michelle W. A Simulation Model of a Decentralized Metropolitan Area with Two–Worker, Traditional, and Female–Headed Households［J］. Journal of Urban Economics, 1993, 2(34): 159–185.

［55］Davis D R & Dingel J I. A Spatial Knowledge Economy［J］. American Economic Review, 2019, 109 (1): 153–170

［56］Davis D R& Dingel J I. The Comparative Advantage of Cities［J］. Journal of International Economics, 2020(123): 103291.

［57］Dekle R. Industrial Concentration and Regional Growth: Evidence From the Prefectures［J］. The Review of Economics and Statistics, 2002, 84(2): 310–315.

［58］Delgado M, Porter M E & Stern S. Defining Clusters of Related Industries［J］. Journal of Economic Geography, 2016, 16(1): 1–38.

［59］Desmet K & Rossi–Hansberg E. Spatial Development［J］. American Economic Review, 2014, 104(4): 1211–1243.

［60］Desmet K, Ghani E & O'Connell S, et al. The Spatial Development of India［J］. Journal of Regional Science, 2015, 55(1): 10–30.

［61］Devereux M P, Griffith R & Simpson H. The Geographic Distribution of Production Activity in the UK［J］. Regional Science and Urban Economics, 2004, 34(5): 533–564.

［62］Diamond R. The Determinants and Welfare Implications of US Workers' Diverging Location Choices by Skill: 1980–2000［J］. American Economic Review, 2016, 106(3): 479–524.

［63］Donaldson D & Storeygard A. The View From Above: Applications of Satellite Data in Economics［J］. Journal of Economic Perspectives, 2016, 30(4): 171–198.

［64］Du J & Vanino E. Agglomeration Externalities of Fast–Growth Firms［J］. Regional Studies, 2020: 1–15.

［65］Du R & Zheng S. Agglomeration, Housing Affordability, and New Firm Formation: The Role of Subway Network［J］. Journal of Housing Economics, 2020(48): 101668.

［66］Duranton G & Overman H G. Exploring the Detailed Location Patterns of UK Manufacturing Industries Using Microgeographic Data［J］. Journal of Regional Science, 2008, 48(1): 213–243.

［67］Duranton G & Overman H G. Testing for Localization Using Micro–Geographic Data［J］. The Review of Economic Studies, 2005, 72(4): 1077–1106.

［68］Duranton G & Puga D, Urban Land Use. In Handbook of Regional and Urban Economics; Elsevier B.V, 2015(5): 467–560.

［69］Duranton G & Puga D. Diversity and Specialisation in Cities: Why, Where and When Does it Matter?［J］. Urban studies, 2016, 37(3): 533–555.

［70］Duranton G & Puga D. Nursery Cities: Urban Diversity, Process Innovation, and the Life Cycle of Products［J］. The American Economic Review, 2001, 91(5): 1454–1477.

［71］Eeckhout J & Kircher P. Identifying Sorting—in Theory［J］. Review of Economic Studies, 2011, 78(3): 872–906.

［72］Eeckhout J & Kircher P. Identifying Sorting—in Theory［J］. Review of Economic Studies, 2011, 78(3): 872–906.

［73］Eeckhout J, Roberto P & Schmidheiny K. Spatial Sorting［J］. Journal of Political

Economy, 2014(122): 554–620.

［74］Ellison G & Glaeser E L. Geographic Concentration in US Manufacturing Industries: A Dartboard Approach［J］. Journal of Political Economy, 1997, 105(5): 889–927.

［75］Ellison G, Glaeser E L & Kerr W R. What Causes Industry Agglomeration? Evidence From Coagglomeration Patterns［J］. American Economic Review, 2010, 100(3): 1195–1213.

［76］Faber B. Trade Integration, Market Size, and Industrialization: Evidence from China's National Trunk Highway System［J］. The Review of Economic Studies, 2014, 81(3): 1046–1070.

［77］Fajgelbaum P & Gaubert C. Optimal Spatial Policies, Geography and Sorting［J］. The Quarterly Journal of Economics, 2020, 135(2): 959–1036.

［78］Fajgelbaum P & Redding S J. External Integration, Structural Transformation and Economic Development: Evidence From Argentina 1870–1914［R］. NBER Working Paper, 2014.

［79］Feldman M P & Audretsch D B. Innovation in Cities: Science–Based Diversity, Specialization and Localized Competition［J］. European Economic Review, 1999, 43(2): 409–429.

［80］Fosgerau M & De Palma A. Congestion in a City with a Central Bottleneck［J］. Journal of Urban Economics, 2012, 71(3): 269–277.

［81］Fosgerau M, Kim J & Ranjan A. Vickrey Meets Alonso: Commute Scheduling and Congestion in a Monocentric City［J］. Journal of Urban Economics, 2018(105): 40–53.

［82］Fujita M & Thisse J F. Does Geographical Agglomeration Foster Economic Growth? And Who Gains and Loses from It?［J］. The Japanese Economic Review, 2003, 2(54): 121–145.

［83］Fujita M & Thisse J F. Economics of Agglomeration: Cities, Industrial Location, and Regional Growth［M］. Cambridge University Press, 2002.

［84］Gaubert C. Firm Sorting and Agglomeration［J］. American Economic Review, 2018, 108(11): 3117–3153.

［85］Glaeser E L, Jed K & Albert S. Consumer City［R］. Harvard Institute of Economic Research Working Papers, 2001(1): 27–50.

［86］Glaeser E L, Kallal H D & Scheinkman J A, et al. Growth in Cities［J］. The Journal of Dolitical Economy, 1992, 100(6): 1126–1152.

［87］Glaeser E L, Kim H & Luca M. Nowcasting the Local Economy: Using Yelp Data to Measure Economic Activity at Scale［R］. National Bureau of Economic Research Working Paper, 2017.

［88］Glaeser E L, Kincaid M S & Naik N. Computer Vision and Real Estate: Do Looks Matter and Do Incentives Determine Looks［R］. National Bureau of Economic Research Working Paper, 2018.

［89］Glaeser E L, Ponzetto G A M & Zou Y. Urban Networks: Connecting Markets, People, and Ideas［J］. Papers in Regional Science, 2016, 95(1): 17–59.

［90］Glaeser E L. The Economic Approach to Cities［R］. NBER Working Paper, 2007.

［91］Greenstone M, Hornbeck R & Moretti E. Identifying Agglomeration Spillovers: Evidence from Winners and Losers of Large Plant Openings［J］. The Journal of Political Economy, 2010, 118(3): 536–598.

［92］Guo Q, Guo Q & He C, et al. Production Space and Regional Industrial Evolution in China［J］. GeoJournal, 2017, 82(2): 379–396.

［93］H. Gerlach, T. Rønde, & K. Stahl. Labor Pooling in R&D Intensive Industries［J］. Journal of Urban Economics, 2009, 65(1): 99–111.

［94］Hanlon W W & Miscio A. Agglomeration: A Long–Run Panel Data Approach［J］. Journal of Urban Economics, 2017(99): 1–14.

［95］Hansen C & Kozbur D. Instrumental Variables Estimation with Many Weak Instruments Using Regularized JIVE［J］. Journal of Econometrics, 2014, 182(2): 290–308.

［96］Harari M. Cities in Bad Shape Urban Geometry in India［J］. American Economic Review, 2020, 8(110): 2377–2421.

［97］Helsley R W & Strange W C. Urban Interactions and Spatial Structure［J］. Journal of Economic Geography, 2007, 7(2): 119–138.

［98］Henderson J V, Storeygard A & Weil D N. Measuring Economic Growth From Outer Space［J］. American Economic Review, 2012, 102(2): 994–1028.

［99］Henderson V & Mitra A. The New Urban Landscape: Developers and Edge Cities［J］. Regional Science and Urban Economics, 1996, 26(6): 613–643.

［100］Henderson V, Kuncoro A & Turner M. Industrial Development in Cities［J］. Journal of Political Economy, 1995, 5(103): 1067–1090.

［101］Henderson V. Externalities and Industrial Development［J］. Journal of Urban Economics, 1997, 42(3): 449–470.

［102］Hidalgo C A, Klinger B & Barabasi A L, et al. The Product Space Conditions the Development of Nations［J］. Science, 2007, 317(5837): 482–487.

［103］Holmes T J. Localization of Industry and Vertical Disintegration［J］. The Review of Economics and Statistics, 1999, 81(2): 314–325.

［104］Holmes, Thomas and Stevens, John. Geographic Concentration and Establishment Scale［J］. The Review of Economics and Statistics, 2002, 84(4): 682–690.

［105］Hoover, Jr. E. M. The Measurement of Industrial Localization[J]. Review of Economics and Statistics, 1936, 18(4):162–171.

［106］Howard E, Newman C & Tarp F. Measuring Industry Coagglomeration and Identifying the Driving Forces［J］. Journal of Economic Geography, 2016, 16(5): 1055–1078.

［107］Hsieh C & Moretti E. Housing Constraints and Spatial Misallocation［R］. NBER Working Paper, 2015.

［108］Imai H. CBD Hypothesis and Economies of Agglomeration［J］. Journal of Economic Theory, 1982, 28(2): 275–299.

［109］Jacobs J. The Economy of Cities［M］. New York: Vintage, 1969.

［110］Jacobs W, Koster H R A & van Oort F. Co–Agglomeration of Knowledge–Intensive Business Services and Multinational Enterprises［J］. Journal of Economic Geography, 2014, 14(2): 443–475.

［111］Jerch R, Kahn M E & Li S. The Efficiency of Local Government: The Role of Privatization and Public Sector Unions［J］. Journal of Public Economics, 2017(154): 95–121.

［112］Keeble D & Wever E .New Firms and Regional Development in Europe (1st Ed)［M］. Routledge, 1986.

［113］Kelley M R & Helper S. Firm Size and Capabilities, Regional Agglomeration, and the

Adoption of New Technology [J]. Economics of Innovation and New Technology, 2006, 8(1–2): 79–103.

[114] Kilani M, Leurent F & De Palma A. Monocentric City with Discrete Transit Stations [J]. Transportation Research Record: Journal of the Transportation Research Board, 2010, 2144(1): 36–43.

[115] Kim J. Endogenous Vehicle–Type Choices in a Monocentric City [J]. Regional Science and Urban Economics, 2012, 42(4): 749–760.

[116] Krugman P. History and Industry Location – the Case of the Manufacturing Belt [J]. American Economic Review, 1991b, 81(2): 80–83.

[117] Krugman P. Increasing Returns and Economic–Geography [J]. Journal of Political Economy, 1991a, 99(3): 483–499.

[118] Krugman P. Increasing Returns and Economic–Geography [J]. Journal of Political Economy, 1991c, 99(3): 483–499.

[119] Kugler M. Spillovers From Foreign Direct Investment: Within Or Between Industries? [J]. Journal of Development Economics, 2006, 80(2): 444–477.

[120] Lang, G., Marcon, E. & Puech, F. Distance–based measures of spatial concentration: introducing a relative density function [J]. The Annals of Regional Science, 2020, 64 (2):243–265.

[121] Lee C H. The Service Sector, Regional Specialization, and Economic Growth in the Victorian Economy [J]. Journal of Historical Geography, 1984, 10(2): 139–155.

[122] Lucas R E & Rossi–Hansberg E. On the Internal Structure of Cities [J]. Econometrica, 2002, 70(4): 1445–1476.

[123] Lucas R E. On the Mechanics of Economic Development [J]. Journal of Monetary Economics, 1988(22): 3–24.

[124] Luise G, Rudi A & Pontil M, et al., Differential Properties of Sinkhorn Approximation for Learning with Wasserstein Distance [A]. //Advances in Neural Information Processing Systems [J]. Bengio S, Wallach H, Larochelle H, et al, Eds. 2018(31).

[125] Marcon E & Puech F. A Typology of Distance–Based Measures of Spatial Concentration [J]. Regional Science and Urban Economics, 2017(62): 56–67.

[126] Marcon E & Puech F. Measures of the Geographic Concentration of Industries: Improving Distance–Based Methods [J]. Journal of Economic Geography, 2010, 10(5): 745–762.

[127] Marshall A. Principles of Economics [M]. London: MacMillan, 1920.

[128] Martin A, Chintala S & Bottou L. Wasserstein Generative Adversarial Networks [Z]. In International Conference on Machine Learning, 2017.

[129] Martin P & Ottaviano G. Growth and Agglomeration [J]. International Economic Review, 2001, (42): 947–968.

[130] Mills E S. An Aggregative Model of Resource Allocation in a Metropolitan Area [J]. American Economic Review, 1967(57): 197–210.

[131] Mori T & Smith T E. On the Spatial Scale of Industrial Agglomerations [J]. Journal of Urban Economics, 2015(89): 1–20.

[132] Moser P & Voena A. Compulsory Licensing: Evidence From the Trading with the Enemy Act [J]. American Economic Review, 2012, 102(1): 396–427.

[133] Mullainathan S & Spiess J. Machine Learning: An Applied Econometric Approach [J]. Journal of Economic Perspectives, 2017, 31(2): 87–106.

[134] Muth R F. Cities and Housing [M]. Chicago, IL: University of Chicago Press, 1969.

[135] Neffke F, Henning M & Boschma R, et al. The Dynamics of Agglomeration Externalities along the Life Cycle of Industries [J]. Regional Studies, 2010, 45(1): 49–65.

[136] Ngai L R, Pissarides C A & Wang J. ChinaS Mobility Barriers and Employment Allocations [J]. Journal of the European Economic Association, 2019, 17(5): 1617–1653.

[137] Odum E P. Fundamentals of Ecology [M]. Cengage Learning, 2004.

[138] Ogawa H & Fujita M. Equilibrium Land Use Patterns in a Nonmonocentric City [J]. Journal of Regional Science, 1980, 20(4): 455–475.

[139] Paci R & Usai S. Externalities, Knowledge Spillovers and the Spatial Distribution of Innovation [J]. GeoJournal, 1999, 49(4): 381–390.

[140] Papaioannou E. National Institutions and Subnational Development in Africa [J]. Quarterly Journal of Economics, 2014, 129(1): 151–213.

[141] Poole J P. Knowledge Transfers From Multinational to Domestic Firms: Evidence From Worker Mobility [J]. The Review of Economics and Statistics, 2013, 95(2): 393–406.

[142] Pope D G & Pope J C. When Walmart Comes to Town: Always Low Housing Prices? Always? [J]. Journal of Urban Economics, 2015(87): 1–13.

[143] Porter M E. Clusters and the New Economics of Competition [J]. Harvard Business Review, 1998, 76(6): 77.

[144] Porter M E. The Competitive Advantage of Nations [M]. New York: The Free Press, 1990.

[145] Qian N. Missing Women and the Price of Tea in China: The Effect of Sex–Specific Earnings On Sex Imbalance [J]. The Quarterly Journal of Economics, 2008, 123(3): 1251–1285.

[146] Redding S & Sturm D. The Costs of Remoteness: Evidence From the German Division and Re–Unification [J]. American Economic Review, 2008, 98(5): 1766–1797.

[147] Redding S J. Goods Trade, Factor Mobility and Welfare [J]. Journal of International Economics, 2016, 101: 148–167.

[148] Roback & Jennifer. Wages, Rents, and the Quality of Life [J]. Journal of Political Economy, 1982, 90(6): 1257–1278.

[149] Romer P. Increasing Returns and Long Run Growth [J]. Journal of Political Economy, 1986(94): 1002–1037.

[150] Rosen S. Hedonic Prices and Implicit Markets: Product Differentiation in Pure Competition [J]. Journal of Political Economy, 1974, 82(1): 34–55.

[151] Rosenthal S S & Strange W C, Evidence On the Nature and Sources of Agglomeration Economies. In Handbook of Regional and Urban Economics, 2006(4): 2119–2171.

[152] Rosenthal S S & Strange W C. Geography, Industrial Organization, and Agglomeration [J]. The Review of Economics and Statistics, 2003, 85(2): 377–393.

[153] Rosenthal S S & Strange W C. The Determinants of Agglomeration [J]. Journal of Urban Economics, 2001, 50(2): 191–229.

[154] Saiz A. The Geographic Determinants of Housing Supply [J]. The Quarterly Journal of

Economics, 2010, 125(3): 1253–1296.

［155］Sinkhorn R. A Relationship Between Arbitrary Positive Matrices and Doubly Stochastic Matrices［J］. Annals of Mathematical Statistics, 1964, 35(2): 876–879.

［156］Small K A, Verhoef E T & Lindsey R. The Economics of Urban Transportation［M］. London: Routledge, 2007.

［157］Tombe T & Zhu X. Trade, Migration, and Productivity: A Quantitative Analysis of China［J］. American Economic Review, 2019, 109(5): 1843–1872.

［158］Tscharaktschiew S & Hirte G. An Urban General Equilibrium Model with Multiple Household Structures and Travel Mode Choice［R］. MPRA Paper 17697, University Library of Munich, Germany, 2009.

［159］Tsivanidis J N, The Aggregate and Distributional Effects of Urban Transit Infrastructure: Evidence from Bogota's Transmilenio. In; Pro［Z］. Quest Dissertations & Theses: Ann Arbor, 2018.

［160］Tsivanidis N. The Aggregate and Distributional Effects of Urban Transit Infrastructure: Evidence from Bogotá's TransMilenio［D］.The University of Chicago., 2018.

［161］Turner M, Haughwout A & Klaauw W V D. Land Use Regulation and Welfare［J］. Econometrica, 2014, 82(4): 1341–1403.

［162］Van der Panne G. Agglomeration Externalities: Marshall Versus Jacobs［J］. Journal of Evolutionary Economics, 2004, 14(5): 593–604.

［163］Wen M. Relocation and agglomeration of Chinese industry［J］. Journal of Development Economics, 2004(73): 329–347.

［164］Wheaton W C. Land Use and Density in Cities with Congestion［J］. Journal of Urban Economics, 1998, 43(2): 258–272.

［165］White M J. Firm Suburbanization and Urban Subcenters［J］. Journal of Urban Economics, 1976, 3(4): 323–343.

［166］Wieand K. An Extension of the Monocentric Urban Spatial Equilibrium Model to a Multicenter Setting: The Case of the Two–Center City［J］. Journal of Urban Economics, 1987, 3(21): 259–271.

［167］Williamson J. Regional Inequality and the Process of National Development［J］. Economic Development and Cultural Change, 1965, 4(13): 3–47.

二、中文部分

［1］安树伟，常瑞祥.中国沿海地区生产性服务业与制造业空间关系演变研究——基于113个城市面板数据的分析［J］.中国软科学, 2017（11）：101–110.

［2］曾德明，赵胜超，叶江峰，等.基础研究合作、应用研究合作与企业创新绩效［J］.科学学研究, 2020：1–17.

［3］常红锦，杨有振.地理临近性与企业创新绩效［J］.中国科技论坛, 2015（6）：106–111.

［4］陈国亮，陈建军.产业关联、空间地理与二三产业共同集聚——来自中国212个城市的经验考察［J］.管理世界, 2012（4）：82–100.

［5］陈国亮，唐根年.基于互联网视角的二三产业空间非一体化研究——来自长三角城市

群的经验证据［J］.中国工业经济, 2016（8）: 76-92.

［6］陈建军, 袁凯, 陈国亮. 基于企业异质性的产业空间分布演化新动力［J］.财贸研究, 2013（4）: 11-20.

［7］陈建军, 郑广建, 刘月. 高速铁路对长江三角洲空间联系格局演化的影响［J］.经济地理, 2014, 34（8）: 54-60.

［8］陈建军, 周维正. 空间视角下的地方政府土地经营策略、竞争机制和中国的城市层级体系——来自中国186个地级市的经验证据［J］.中国土地科学, 2016, 30（3）: 4-11.

［9］陈柯, 张晓嘉, 韩清. 中国工业产业空间集聚的测量及特征研究［J］.上海经济研究, 2018（7）: 30-42.

［10］陈林. 中国工业企业数据库的使用问题再探［J］.经济评论, 2018（6）: 140-153.

［11］陈曦, 席强敏, 李国平. 制造业内部产业关联与空间分布关系的实证研究［J］.地理研究, 2015, 34（10）: 1943-1956.

［12］陈曦, 朱建华, 李国平. 中国制造业产业间协同集聚的区域差异及其影响因素［J］.经济地理, 2018, 38（12）: 104-110.

［13］陈秀山, 徐瑛. 中国制造业空间结构变动及其对区域分工的影响［J］.经济研究, 2008, 43（10）: 104-116.

［14］陈彦光, 姜世国. 城市集聚体、城市群和城镇体系［J］.城市发展研究, 2017, 24（12）: 8-15.

［15］党兴华, 常红锦. 网络位置、地理临近性与企业创新绩效——一个交互效应模型［J］.科研管理, 2013, 34（3）: 7-13.

［16］范剑勇, 冯猛, 李方文. 产业集聚与企业全要素生产率［J］.世界经济, 2014, 37（5）: 51-73.

［17］范剑勇, 石灵云. 产业外部性、企业竞争环境与劳动生产率［J］.管理世界, 2009（8）: 65-72.

［18］范剑勇. 产业集聚与地区间劳动生产率差异［J］.经济研究, 2006（11）: 72-81.

［19］范剑勇. 市场一体化、地区专业化与产业集聚趋势——兼谈对地区差距的影响［J］.中国社会科学, 2004（6）: 39-51.

［20］方大春, 孙明月. 高铁时代下长三角城市群空间结构重构——基于社会网络分析［J］.经济地理, 2015, 35（10）: 50-56.

［21］方浪. 我国城市群的经济效率研究［D］.武汉大学博士学位论文, 2016.

［22］郭进, 徐盈之, 王美昌. 金融外部性、技术外部性与中国城市群建设［J］.经济学动态, 2016（6）: 74-84.

［23］国家发改委国地所课题组和肖金成. 我国城市群的发展阶段与十大城市群的功能定位［J］.改革, 2009（9）: 5-23.

［24］国务院发展研究中心和世界银行联合课题组, 李伟, Sri Mulyani Indrawait, 等. 中国: 推进高效, 包容可持续的城镇化［J］.管理世界, 2014, 30(4):5-41.

［25］何玉梅, 刘修岩, 李锐. 基于连续距离的制造业空间集聚演变及其驱动因素研究［J］.财经研究, 2012, 38（10）: 36-46.

［26］贺灿飞, 金璐璐, 刘颖. 多维邻近性对中国出口产品空间演化的影响［J］.地理研究, 2017, 36（9）: 1613-1626.

［27］贺灿飞, 胡绪千. 1978年改革开放以来中国工业地理格局演变［J］.地理学报,

2019, 74（10）: 1962-1979.

［28］贺灿飞, 肖晓俊. 产业集聚、产业共聚与中国制造业生产率［J］. 哈尔滨工业大学学报（社会科学版）, 2012, 14（1）: 111-120.

［29］黄金川, 陈守强. 中国城市群等级类型综合划分［J］. 地理科学进展, 2015, 34（3）: 290-301.

［30］霍春辉, 杨锐. 集聚外部性对产业创新绩效的影响［J］. 经济管理, 2016, 38（3）: 20-32.

［31］纪韶, 饶旻. 城市群农村劳动力净迁移率与区域经济发展互为影响因素研究——对全国第六次人口普查长表数据的分析［J］. 经济学动态, 2013（6）: 39-46.

［32］李斌, 李拓, 朱业. 公共服务均等化、民生财政支出与城市化——基于中国286个城市面板数据的动态空间计量检验［J］. 中国软科学, 2015（6）: 79-90.

［33］李波, 杨先明. 贸易便利化与企业生产率: 基于产业集聚的视角［J］. 世界经济, 2018, 41（3）: 54-79.

［34］李洪涛, 王丽丽. 中心城市科技创新对城市群产业结构的影响［J］. 科学学研究, 2021: 1-12.

［35］李坤望, 邵文波, 王永进. 信息化密度、信息基础设施与企业出口绩效——基于企业异质性的理论与实证分析［J］. 管理世界, 2015（4）: 52-65.

［36］李松林, 刘修岩. 中国城市体系规模分布扁平化: 多维区域验证与经济解释［J］. 世界经济, 2017, 40（11）: 144-169.

［37］李文辉, 李青霞, 丘芷君. 基于专利计量的粤港澳大湾区协同技术创新演化研究［J］. 统计研究, 2019, 36（8）: 74-86.

［38］连远强. 国外创新网络研究述评与区域共生创新战略［J］. 人文地理, 2016, 31（1）: 26-32.

［39］梁红艳. 中国城市群生产性服务业分布动态、差异分解与收敛性［J］. 数量经济技术经济研究, 2018, 35（12）: 40-60.

［40］梁琦. 中国制造业分工、地方专业化及其国际比较［J］. 世界经济, 2004（12）: 32-40.

［41］林崇建, 毛丰付. 财政投入与城市治理绩效分析——以江浙城市群比较为例［J］. 财贸经济, 2012（12）: 45-52.

［42］刘传明, 王卉彤, 魏晓敏. 中国八大城市群互联网金融发展的区域差异分解及收敛性研究［J］. 数量经济技术经济研究, 2017, 34（8）: 3-20.

［43］刘春霞, 朱青, 李月臣. 基于距离的北京制造业空间集聚［J］. 地理学报, 2006（12）: 1247-1258.

［44］刘凤朝, 楠丁. 地理邻近对企业创新绩效的影响［J］. 科学学研究, 2018, 36（9）: 1708-1715.

［45］刘钜强, 赵永亮. 交通基础设施、市场获得与制造业区位——来自中国的经验数据［J］. 南开经济研究, 2010（4）: 123-138.

［46］刘强, 陆小莉, 徐生霞. 城市群视角下产业集聚的空间异质性研究［J］. 数理统计与管理, 2020, 39（6）: 1073-1086.

［47］刘修岩, 李松林, 秦蒙. 城市空间结构与地区经济效率——兼论中国城镇化发展道路的模式选择［J］. 管理世界, 2017（1）: 51-64.

［48］刘修岩，李松林，秦蒙．开发时滞、市场不确定性与城市蔓延［J］.经济研究，2016，51（8）：159-171.

［49］刘修岩，何玉梅．集聚经济、要素禀赋与产业的空间分布：来自中国制造业的证据［J］.产业经济研究，2011（3）：10-19.

［50］柳卸林，杨博旭．多元化还是专业化？产业集聚对区域创新绩效的影响机制研究［J］.中国软科学，2020（9）：141-161.

［51］鲁晓东和连玉君．中国工业企业全要素生产率估计：1999—2007［J］.经济学（季刊），2012，11（2）：541-558.

［52］陆剑宝，梁琦．生产性服务业与制造业的空间与产业二重协同：研究述评与展望［J］.中大管理研究，2012，7（2）：106-119.

［53］陆治原．产业集聚理论的历史发展与展望［J］.生产力研究，2006（9）：199-200.

［54］路江涌，陶志刚．我国制造业区域集聚程度决定因素的研究［J］.经济学（季刊），2007（3）：801-816.

［55］路江涌，陶志刚．中国制造业区域聚集及国际比较［J］.经济研究，2006（3）：103-114.

［56］罗勇，曹丽莉．中国制造业集聚程度变动趋势实证研究［J］.经济研究，2005（8）：106-115.

［57］马双，曾刚，张翼鸥．技术关联性、复杂性与区域多样化——来自中国地级市的证据［J］.地理研究，2020，39（4）：865-879.

［58］毛琦梁，董锁成，黄永斌，等．首都圈产业分布变化及其空间溢出效应分析——基于制造业从业人数的实证研究［J］.地理研究，2014，33（5）：899-914.

［59］毛琦梁，王菲．比较优势、可达性与产业升级路径——基于中国地区产品空间的实证分析［J］.经济科学，2017（1）：48-62.

［60］毛琦梁．我国中西部典型城市群产业升级的机会甄别与基本路径——基于产品空间理论的研究［J］.西部论丛，2019，29 (1): 71-83.

［61］聂辉华，江艇，杨汝岱．中国工业企业数据库的使用现状和潜在问题［J］.世界经济，2012，35（5）：142-158.

［62］庞玉萍．中国区域空间结构的优化与区域协调发展［D］.武汉大学博士学位论文，2013.

［63］皮亚彬．集聚、扩散与城市体系［D］.南开大学博士学位论文，2014.

［64］齐亚伟，陈洪章．我国区域产业结构的投入产出关联特征分析［J］.宏观经济研究，2017（9）：79-90.

［65］阙天南．空间集聚视角下长三角城市群的人口治理研究［D］.华东政法大学硕士学位论文，2020.

［66］芮明杰．构建现代产业体系的战略思路、目标与路径［J］.中国工业经济，2018(9)：24-40.

［67］邵朝对，苏丹妮，李坤望．跨越边界的集聚：空间特征与驱动因素［J］.财贸经济，2018，39（4）：99-113.

［68］盛朝迅．构建现代产业体系的瓶颈制约与破除策略［J］.改革，2019（3）：38-49.

［69］史烽，高阳，陈石斌，等．技术距离、地理距离对大学—企业协同创新的影响研究［J］.管理学报，2016，13（11）：1665-1673.

［70］苏丹妮，盛斌，邵朝对，等. 全球价值链、本地化产业集聚与企业生产率的互动效应［J］. 经济研究，2020，55（3）：100–115.

［71］苏屹，林周周，王铁男. 中国省际知识溢出对区域创新绩效的非线性影响研究［J］. 管理工程学报，2021（1）：1–10.

［72］孙久文，李姗姗，张和侦."城市病"对城市经济效率损失的影响——基于中国285个地级市的研究［J］. 经济与管理研究，2015，36（3）：54–62.

［73］孙浦阳，武力超，张伯伟. 空间集聚是否总能促进经济增长：不同假定条件下的思考［J］. 世界经济，2011，34（10）：3–20.

［74］谭锐. 湾区城市群产业分工：一个比较研究［J］. 中国软科学，2020（11）：87–99.

［75］万庆，吴传清，曾菊新. 中国城市群城市化效率及影响因素研究［J］. 中国人口·资源与环境，2015，25（2）：66–74.

［76］王春超，余静文. 政府间组织结构创新与城市群整体经济绩效：以珠江三角洲城市群为例［J］. 世界经济，2011，34（1）：143–160.

［77］王缉慈. 超越集群——关于中国产业集聚问题的看法［J］. 上海城市规划，2011，（1）：52–54.

［78］王静田，张宝懿，付晓东. 产业协同集聚对城市全要素生产率的影响研究［J］. 科学学研究，2020：1–21.

［79］王岚，盛斌. 比较优势、规模经济和贸易成本：国际生产分割下垂直关联产业的空间分布［J］. 世界经济研究，2013（4）：18–23.

［80］王圣云，秦尊文和戴璐，等. 长江中游城市集群空间经济联系与网络结构——基于运输成本和网络分析方法［J］. 经济地理，2013，33（4）：64–69.

［81］王雨飞，倪鹏飞. 高速铁路影响下的经济增长溢出与区域空间优化［J］. 中国工业经济，2016（2）：21–36.

［82］王岳平，葛岳静. 我国产业结构的投入产出关联特征分析［J］. 管理世界，2007（2）.

［83］魏博通，周杰文. 经济一体化、地区专业化与中国制造业的空间分布［J］. 经济管理，2008，（Z1）：120–125.

［84］魏海涛，肖天聪，胡宝生，等. 基于距离的产业集聚测度——以长三角城市群为例［J］. 城市发展研究，2020，27（10）：55–63.

［85］魏后凯. 中国城镇化进程中两极化倾向与规模格局重构［J］. 中国工业经济，2014（3）：18–30.

［86］魏守华，周山人，千慧雄. 中国城市规模偏差研究［J］. 中国工业经济，2015（4）：5–17.

［87］文东伟，冼国明. 中国制造业产业集聚的程度及其演变趋势：1998~2009年［J］. 世界经济，2014，37（3）：3–31.

［88］文玫. 中国工业在区域上的重新定位和聚集［J］. 经济研究，2004（2）：84–94.

［89］吴三忙，李善同. 市场一体化、产业地理集聚与地区专业分工演变——基于中国两位码制造业数据的实证分析［J］. 产业经济研究，2010（6）：7–16.

［90］吴伟平，刘乃全. 异质性公共支出对劳动力迁移的门槛效应：理论模型与经验分析［J］. 财贸经济，2016（3）：28–44.

［91］吴亚菲. 产业集群与城市群发展的协同效应研究［D］. 上海社会科学院博士学位论文，2017.

［92］伍笛笛.中国城市群多样化集聚对经济增长影响的实证研究——基于面板数据门槛回归的方法［J］.经济问题探索，2020（9）：90-99.

［93］夏永红，沈文星，李存芳.产业共同集聚测度方法研究进展［J］.技术经济，2018，37（8）：106-115.

［94］冼国明，文东伟.FDI、地区专业化与产业集聚［J］.管理世界，2006（12）：18-31.

［95］邢李志.基于复杂网络理论的区域产业结构网络模型研究［J］.工业技术经济，2012，31（2）：19-29.

［96］徐康宁，陈丰龙，刘修岩.中国经济增长的真实性：基于全球夜间灯光数据的检验［J］.经济研究，2015，50（9）：17-29.

［97］徐生霞和刘强.跨区域城市群经济协调发展研究——基于产业转型升级与政策干预的视角［J］.数理统计与管理，2021：1-17.

［98］许政，陈钊，陆铭.中国城市体系的"中心—外围模式"［J］.世界经济，2010，33（7）：144-160.

［99］杨超，黄群慧，贺俊.中低技术产业集聚外部性、创新与企业绩效［J］.科研管理，2020，41（8）：142-147.

［100］杨果，孙天阳.长江中游城市群会展业空间关联网络结构特征及其解释［J］.管理世界，2016（8）：180-181.

［101］杨浩昌，李廉水，张发明.高技术产业集聚与绿色技术创新绩效［J］.科研管理，2020，41（9）：99-112.

［102］杨开忠.中国区域经济系统研究（上）——区域经济理论、应用与政策［J］.中国工业经济，1989a（3）：66-73.

［103］杨开忠.中国区域经济系统研究（下）——区域经济理论、应用与政策［J］.中国工业经济，1989c（5）：51-58.

［104］杨开忠.中国区域经济系统研究（中）——区域经济理论、应用与政策［J］.中国工业经济，1989b（4）：26-36.

［105］杨坤，朱四伟，胡斌.空间关联视阈下产业集聚对区域创新绩效的影响——基于不同细分产业的实证研究［J］.经济体制改革，2020（3）：93-100.

［106］杨明海，张红霞，孙亚男.七大城市群创新能力的区域差距及其分布动态演进［J］.数量经济技术经济研究，2017，34（3）：21-39.

［107］姚刚，蔡宁，蔡瑾琰.复杂网络理论在产业集群升级中的应用［J］.云南社会科学，2017（1）：84-87.

［108］叶琴，曾刚.经济地理学视角下创新网络研究进展［J］.人文地理，2019，34（3）：7-13.

［109］尹希果，刘培森.中国制造业集聚影响因素研究——兼论城镇规模、交通运输与制造业集聚的非线性关系［J］.经济地理，2013，33（12）：97-103.

［110］于斌斌，金刚.中国城市结构调整与模式选择的空间溢出效应［J］.中国工业经济，2014（2）：31-44.

［111］于斌斌，申晨.产业结构、空间结构与城镇化效率［J］.统计研究，2020，37（2）：65-79.

［112］余振，葛伟.经济一体化与产业区位效应：基于中国东盟自贸区产业层面的面板数据分析［J］.财贸经济，2014（12）：87-98.

［113］袁海红，张华，曾洪勇．产业集聚的测度及其动态变化——基于北京企业微观数据的研究［J］.中国工业经济，2014（9）：38-50.

［114］原倩．城市群是否能够促进城市发展［J］.世界经济，2016，39（9）：99-123.

［115］张浩然，衣保中．城市群空间结构特征与经济绩效——来自中国的经验证据［J］.经济评论，2012（1）：42-47.

［116］张宏雷．绿色技术溢出与中国城市群经济发展研究［D］.北京理工大学博士学位论文，2015.

［117］张虎，韩爱华，杨青龙．中国制造业与生产性服务业协同集聚的空间效应分析［J］.数量经济技术经济研究，2017，34（2）：3-20.

［118］张虎，韩爱华．中国城市制造业与生产性服务业规模分布的空间特征研究［J］.数量经济技术经济研究，2018，35（9）：96-109.

［119］张辉，刘鹏，于涛，等．金融空间分布、异质性与产业布局［J］.中国工业经济，2016（12）：40-57.

［120］张可，毛金祥．产业共聚、区域创新与空间溢出——基于长三角地区的实证分析［J］.华中科技大学学报（社会科学版），2018，32（4）：76-88.

［121］张亭，刘林青，梅诗晔．产品空间的动态演化［J］.管理评论，2018，30（9）：12-22.

［122］张万里，魏玮．要素密集度、产业集聚与生产率提升——来自中国企业微观数据的经验研究［J］.财贸研究，2018，29（7）：28-41.

［123］张雄．产业集聚、空间分布与就业［D］.首都经济贸易大学博士学位论文，2011.

［124］张学良，李培鑫，李丽霞．政府合作、市场整合与城市群经济绩效——基于长三角城市经济协调会的实证检验［J］.经济学（季刊），2017，16（4）：1563-1582.

［125］张玉新，李天籽．国际区域经济一体化背景下中国沿边城市经济空间分布与影响因素［J］.管理世界，2014（10）：172-173.

［126］张云飞．城市群内产业集聚与经济增长关系的实证研究——基于面板数据的分析［J］.经济地理，2014，34（1）：108-113.

［127］赵璐，赵作权．中国制造业的大规模空间聚集与变化——基于两次经济普查数据的实证研究［J］.数量经济技术经济研究，2014，31（10）：110-121.

［128］赵渺希，钟烨，徐高峰．中国三大城市群多中心网络的时空演化［J］.经济地理，2015，35（3）：52-59.

［129］赵娜，王博，刘燕．城市群、集聚效应与"投资潮涌"——基于中国20个城市群的实证研究［J］.中国工业经济，2017（11）：81-99.

［130］赵雪娇．城市群发展中分工的深化与抑制［D］.浙江大学博士学位论文，2018.

［131］赵勇，白永秀．中国城市群功能分工测度与分析［J］.中国工业经济，2012（11）：18-30.

［132］赵勇，魏后凯．政府干预、城市群空间功能分工与地区差距——兼论中国区域政策的有效性［J］.管理世界，2015（8）：14-29.

［133］郑伯红，钟延芬．基于复杂网络的长江中游城市群人口迁徙网络空间结构［J］.经济地理，2020，40（5）：118-128.

［134］郑昌金，章登义，苏科华，等．基于LBP特征和熵正则化wasserstein距离的人脸表情识别［J］.计算机与数字工程，2017，45（2）：242-246.

［135］种照辉，覃成林，叶信岳 . 城市群经济网络与经济增长——基于大数据与网络分析方法的研究［J］. 统计研究，2018，35（1）：13-21.

［136］周维正 . 地方政府土地经营策略、空间竞争与中国城市群的层级结构［D］. 浙江大学博士学位论文，2016.

［137］朱英明 . 产业集聚、资源环境与区域发展研究［M］. 北京：经济管理出版社，2012.

［138］朱英明 . 产业空间结构与地区产业增长研究——基于长江三角洲城市群制造业的研究［J］. 经济地理，2006（3）：387-390.

［139］朱政，郑伯红，贺清云 . 珠三角城市群空间结构及影响研究［J］. 经济地理，2011，31（3）：404-408.

附　录

附录一　各个城市群总体行业与同二位数产业密度分布

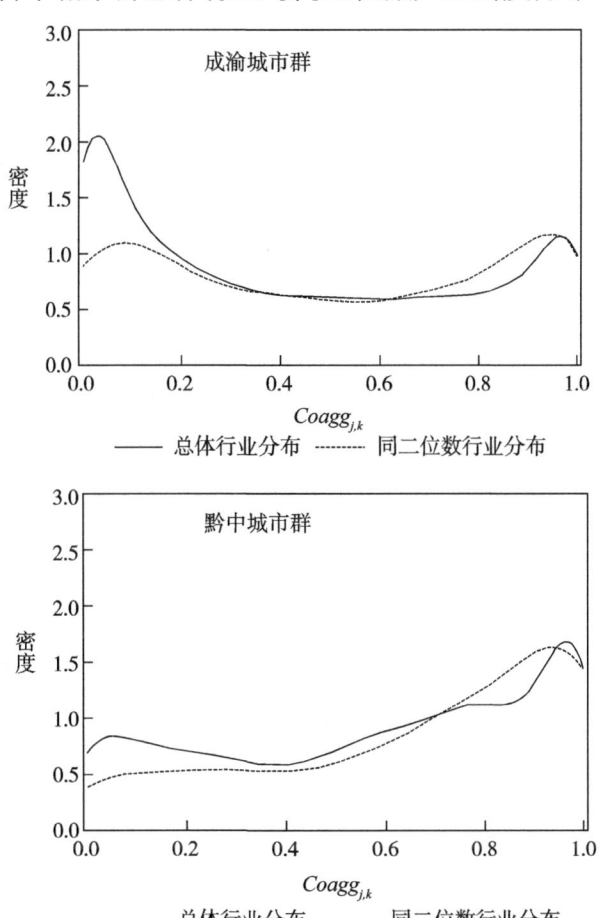

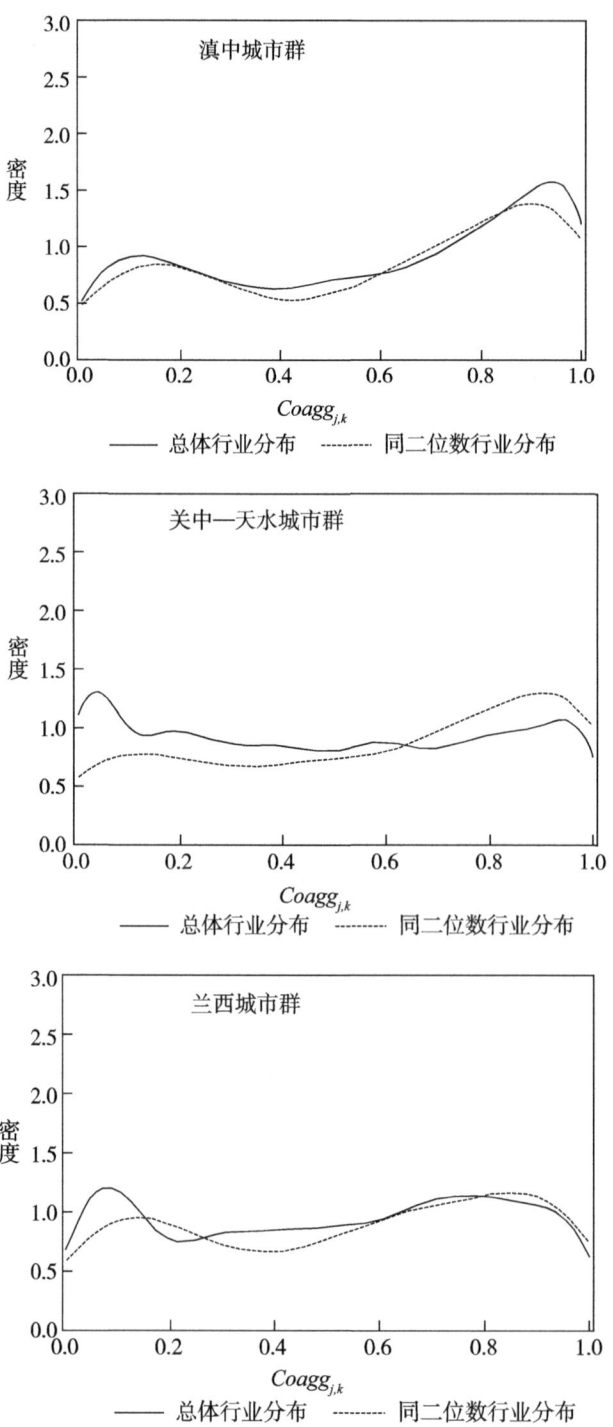

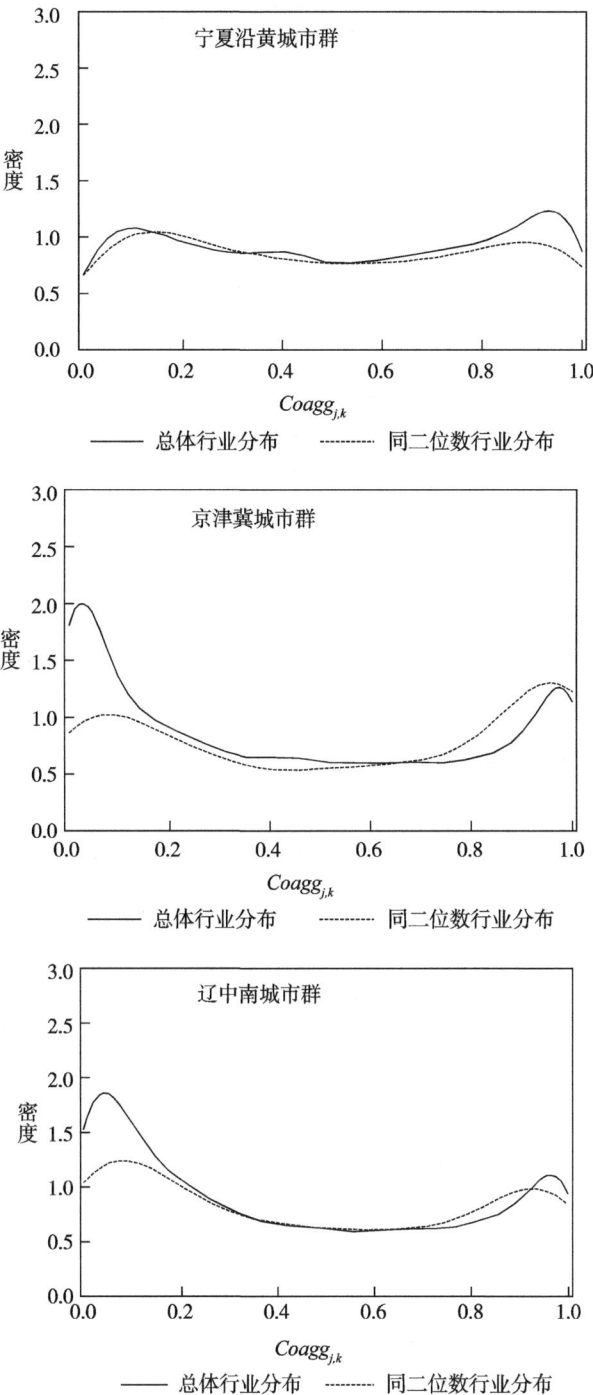

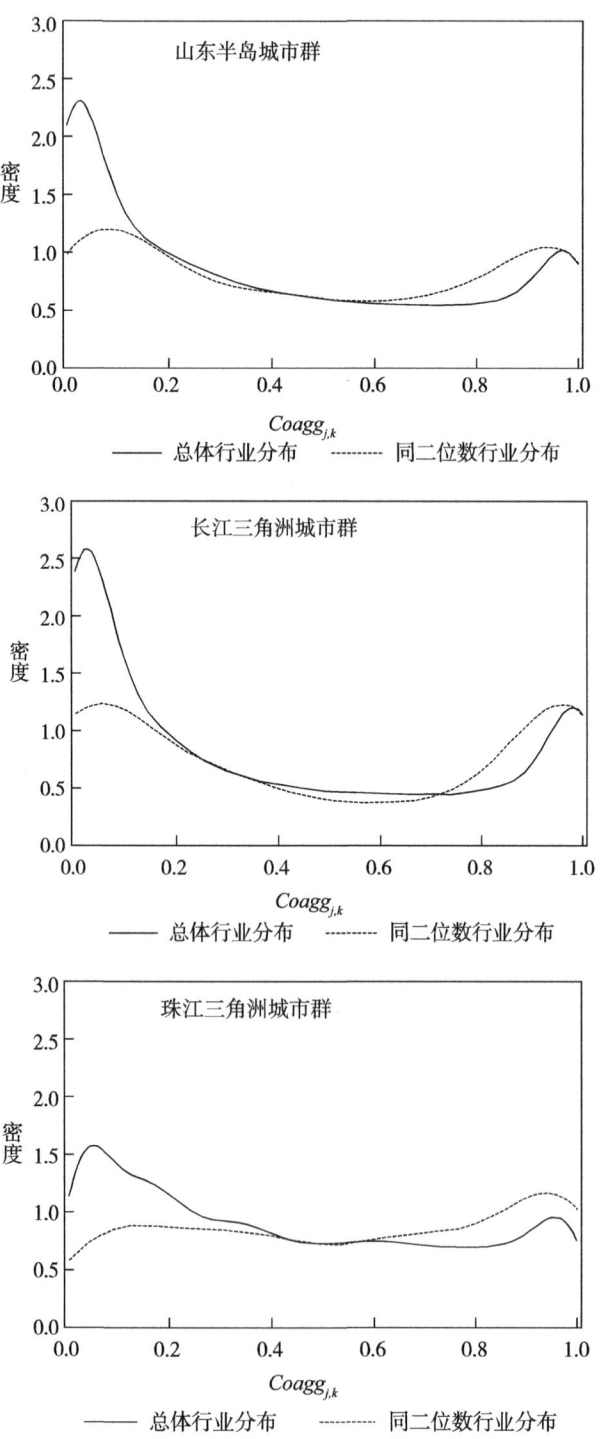

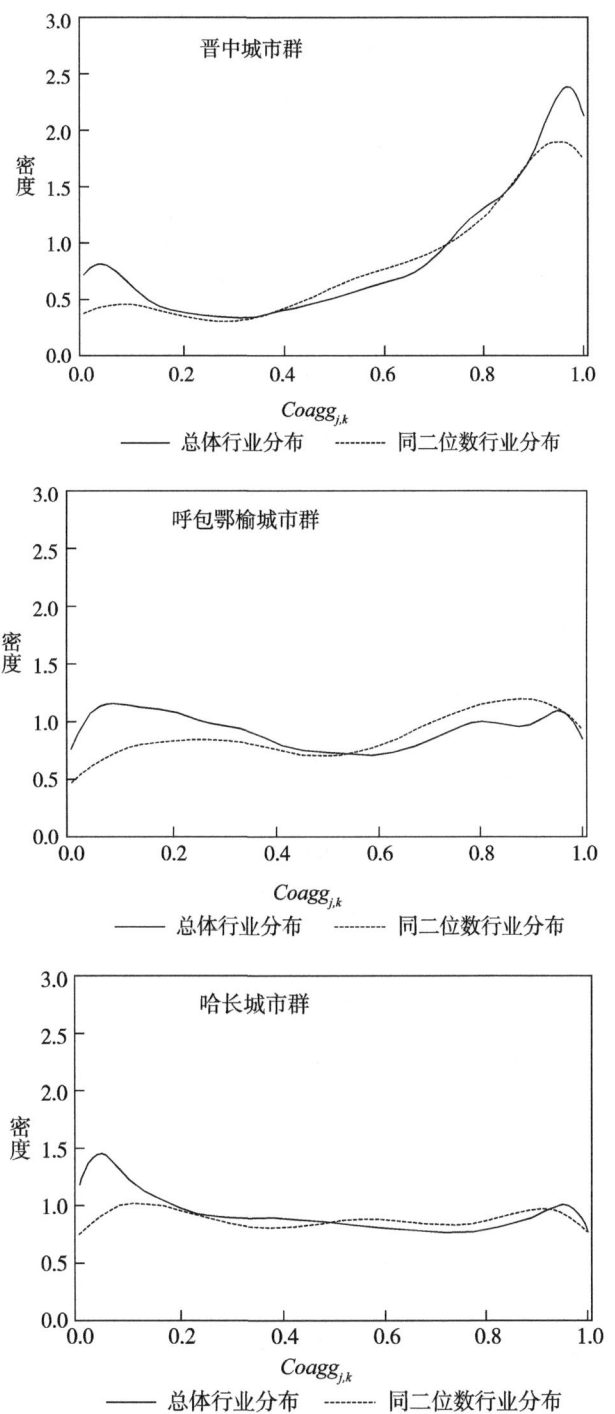

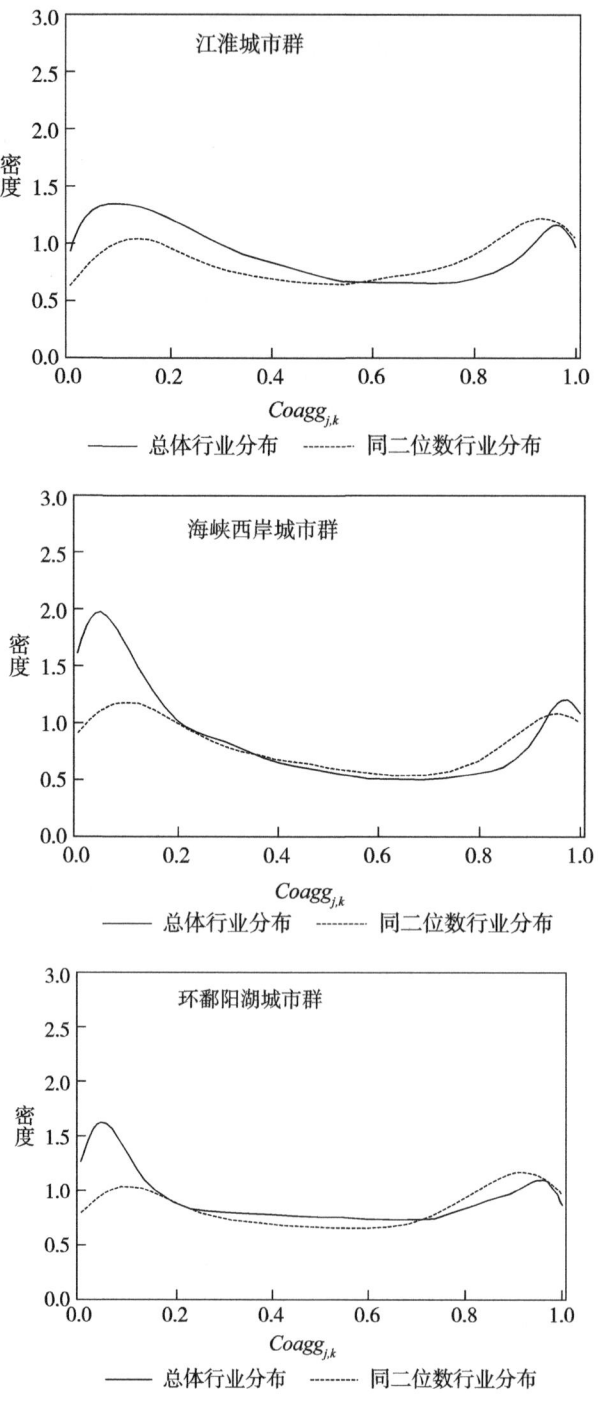

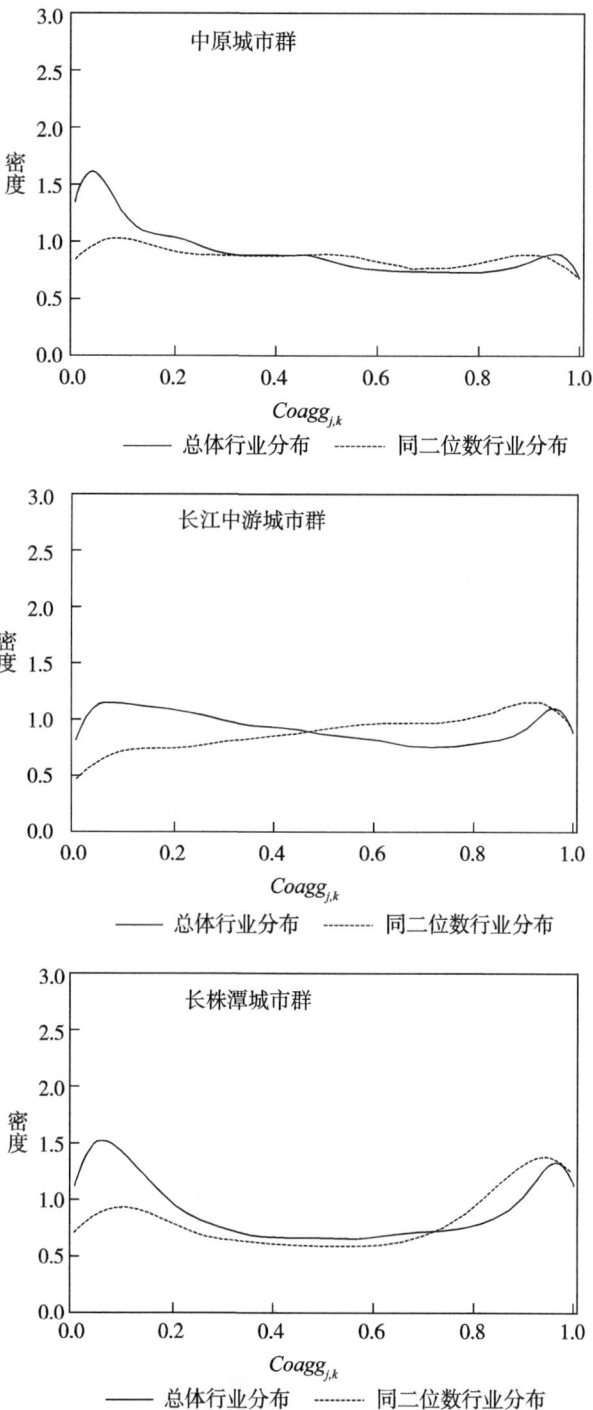

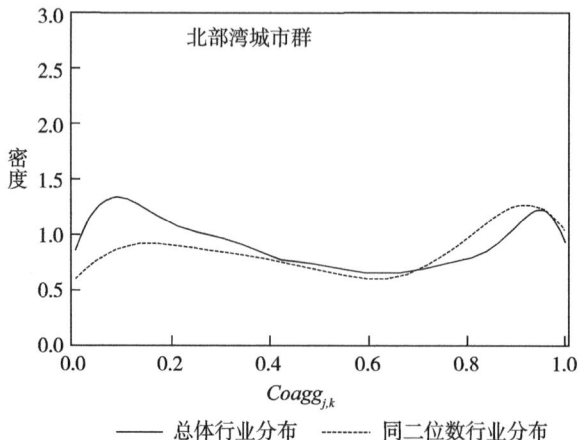

—— 总体行业分布 --------- 同二位数行业分布

附录二 城市群名单及范围划分

序号	城市群名称	地区范围
1	京津冀城市群	北京市；天津市；河北省的石家庄、唐山、秦皇岛、保定、张家口、承德、沧州、廊坊
2	辽中南城市群	沈阳、大连，鞍山、抚顺、本溪、丹东、营口、辽阳、盘锦、铁岭
3	山东半岛城市群	济南、青岛、淄博、东营、烟台、潍坊、威海、日照
4	长三角城市群	上海市；江苏省的南京、无锡、徐州、常州、苏州、南通、连云港、淮安、盐城、扬州、镇江、泰州、宿迁；浙江省的杭州、宁波、温州、嘉兴、湖州、绍兴、金华、衢州、舟山、台州、丽水
5	珠江三角洲城市群	广东省的广州、深圳、珠海、佛山、江门、肇庆、惠州、东莞、中山
6	太原城市群	山西省的太原、阳泉、晋中、忻州、吕梁
7	呼包鄂榆城市群	内蒙古自治区的呼和浩特、包头、鄂尔多斯，陕西的榆林
8	哈长城市群	黑龙江省的哈尔滨、齐齐哈尔、大庆、牡丹江；吉林省的长春、吉林、松原、延边朝鲜族自治州
9	江淮城市群	合肥、芜湖、马鞍山、铜陵、安庆、滁州、六安、池州、宣城
10	海峡西岸城市群	福建省的福州、厦门、莆田、三明、泉州、漳州、南平、龙岩、宁德
11	鄱阳湖城市群	江西省的南昌、景德镇、九江、新余、鹰潭、吉安、宜春、抚州、上饶
12	中原城市群	郑州、开封、洛阳、平顶山、新乡、焦作、许昌、漯河、济源
13	长江中游城市群	湖北省的武汉、黄石、鄂州、孝感、黄冈、咸宁、仙桃、潜江
14	长株潭城市群	湖南省的长沙、株洲、湘潭、衡阳、岳阳、益阳、常德、娄底
15	北部湾城市群	南宁、北海、钦州、防城港
16	成渝城市群	四川省的成都、自贡、泸州、德阳、绵阳、遂宁、内江、乐山、南充、眉山、宜宾、广安、达州、雅安、资阳；重庆市
17	黔中城市群	贵阳、遵义、安顺、毕节、黔东南苗族侗族自治州、黔南布依族苗族自治州

序号	城市群名称	地区范围
18	滇中城市群	昆明、曲靖、玉溪、楚雄彝族自治州
19	关中—天水城市群	西安、铜川、宝鸡、咸阳、渭南、商洛；甘肃省的天水
20	兰西城市群	甘肃省的兰州、定西、白银、临夏回族自治州；青海省的西宁市
21	宁夏沿黄城市群	银川、吴忠、中卫、石嘴山

附录三　2013 年中国城市群三位数产业总体共聚水平测度结果统计汇总

序号	城市群名称	产业数量	共聚指数数量	共聚指数均值	共聚指数方差	共聚指数显著数量	占比（%）	其中	
								双向显著数量	占显著产业对比例（%）
1	京津冀城市群	186	34410	0.436	0.358	4438	12.90	1834	41.32
2	辽中南城市群	182	32942	0.426	0.345	3426	10.40	1110	32.40
3	山东半岛城市群	184	33672	0.389	0.347	3374	10.02	1128	33.43
4	长江三角洲城市群	187	34782	0.380	0.367	4562	13.12	1398	30.64
5	珠江三角洲城市群	181	32580	0.438	0.322	2634	8.08	724	27.49
6	晋中城市群	117	13572	0.669	0.331	3501	25.80	1536	43.87
7	呼包鄂榆城市群	136	18360	0.492	0.320	1802	9.81	670	37.18
8	哈长城市群	168	28056	0.459	0.323	2306	8.22	844	36.60
9	江淮城市群	174	30102	0.461	0.328	3166	10.52	1064	33.61
10	海峡西岸城市群	174	30102	0.417	0.352	3755	12.47	1516	40.37
11	环鄱阳湖城市群	168	28056	0.465	0.335	2649	9.44	964	36.39
12	中原城市群	175	30450	0.437	0.321	2196	7.21	642	29.23
13	长江中游城市群	180	32220	0.480	0.315	3035	9.42	922	30.38
14	长株潭城市群	180	32220	0.480	0.345	4061	12.60	1434	35.31
15	北部湾城市群	143	20306	0.478	0.329	2100	10.34	838	39.90
16	成渝城市群	187	34782	0.422	0.352	3856	11.09	1322	34.28
17	黔中城市群	138	18906	0.584	0.325	3137	16.59	1446	46.09
18	滇中城市群	133	17556	0.577	0.321	2310	13.16	778	33.68
19	关中—天水城市群	163	26406	0.482	0.321	2118	8.02	620	29.27
20	兰西城市群	125	15500	0.510	0.306	1005	6.48	314	31.24
21	宁夏沿黄城市群	104	10712	0.517	0.319	1043	9.74	422	40.46
合计		3385	555692	0.468	0.311	60474	10.88	21526	35.60

资料来源：笔者整理。

附录四　2007 年中国城市群三位数产业总体共聚水平测度结果统计汇总

序号	城市群名称	产业数量	共聚指数数量	共聚指数均值	共聚指数方差	共聚指数显著数量	占比（%）	其中	
								双向显著数量	占显著产业对比例（%）
1	京津冀城市群	185	34040	0.426	0.358	4546	13.35	2094	46.06
2	辽中南城市群	186	34410	0.425	0.344	3598	10.46	1234	34.30
3	山东半岛城市群	187	34782	0.397	0.349	3799	10.92	1382	36.38
4	长江三角洲城市群	186	34410	0.340	0.397	5847	16.99	2128	36.39
5	珠江三角洲城市群	180	32220	0.445	0.318	2740	8.50	734	26.79
6	晋中城市群	125	15500	0.678	0.329	4750	30.65	2640	55.58
7	呼包鄂榆城市群	125	15500	0.500	0.334	1809	11.67	770	42.56
8	哈长城市群	171	29070	0.469	0.317	2458	8.46	1044	42.47
9	江淮城市群	175	30450	0.467	0.319	3068	10.08	1196	38.98
10	海峡西岸城市群	182	32942	0.436	0.361	4731	14.36	2104	44.47
11	环鄱阳湖城市群	172	29412	0.470	0.314	2371	8.06	784	33.07
12	中原城市群	176	30800	0.448	0.327	2628	8.53	834	31.74
13	长江中游城市群	182	32942	0.508	0.319	3638	11.04	1230	33.81
14	长株潭城市群	178	31506	0.469	0.350	4192	13.31	1442	34.40
15	北部湾城市群	142	20022	0.488	0.319	2055	10.26	720	35.04
16	成渝城市群	184	33672	0.475	0.347	4537	13.47	1720	37.91
17	黔中城市群	133	17556	0.532	0.334	2307	13.14	938	40.66
18	滇中城市群	136	18360	0.558	0.329	2832	15.42	1014	35.81
19	关中—天水城市群	163	26406	0.461	0.314	1876	7.10	552	29.42
20	兰西城市群	129	16512	0.516	0.292	1225	7.42	376	30.69
21	宁夏沿黄城市群	102	10302	0.538	0.312	1115	10.82	506	45.38
合计		3399	560814	0.464	0.342	66122	12.10	25442	38.48

资料来源：笔者整理。

附录五　2013 年城市群跨二位数产业空间共聚指数测度结果统计汇总

序号	城市群名称	共聚对数量	共聚指数均值	共聚指数方差	共聚指数显著数量	占比（%）	其中	
							双向共聚产业对数量	占显著产业对比例（%）
1	京津冀城市群	33476	0.433	0.357	4213	12.59	1694	40.21
2	辽中南城市群	32022	0.425	0.344	3298	10.30	1060	32.14
3	山东半岛城市群	32758	0.386	0.346	3220	9.83	1046	32.48
4	长江三角洲城市群	33810	0.377	0.365	4315	12.76	1264	29.29
5	珠江三角洲城市群	31642	0.435	0.321	2473	7.82	632	25.56
6	晋中城市群	13082	0.668	0.332	3342	25.55	1460	43.69
7	呼包鄂榆城市群	17832	0.490	0.320	1719	9.64	638	37.11
8	哈长城市群	27284	0.457	0.323	2220	8.14	806	36.31
9	江淮城市群	29214	0.458	0.328	3012	10.31	988	32.80
10	海峡西岸城市群	29230	0.415	0.351	3581	12.25	1414	39.49
11	环鄱阳湖城市群	27240	0.463	0.334	2523	9.26	910	36.07
12	中原城市群	29588	0.436	0.321	2113	7.14	606	28.68
13	长江中游城市群	31338	0.477	0.315	2915	9.30	886	30.39
14	长株潭城市群	31310	0.478	0.344	3874	12.37	1348	34.80
15	北部湾城市群	19702	0.476	0.329	1997	10.14	778	38.96
16	成渝城市群	33846	0.419	0.351	3671	10.85	1224	33.34
17	黔中城市群	18332	0.581	0.325	2995	16.34	1370	45.74
18	滇中城市群	17016	0.577	0.321	2232	13.12	754	33.78
19	关中—天水城市群	25652	0.479	0.321	2005	7.82	582	29.03
20	兰西城市群	14998	0.509	0.305	956	6.37	288	30.13
21	宁夏沿黄城市群	10320	0.517	0.318	996	9.65	390	39.16
合计		539692			57670	10.69	20138	34.92

附录六 2013 年城市群同二位数产业内空间共聚指数测度结果统计汇总

序号	城市群名称	产业数量	共聚指数均值	共聚指数方差	共聚指数显著数量	占比（%）	其中	
							双向共聚产业对数量	占显著产业对比例（%）
1	京津冀城市群	934	0.543	0.374	225	24.09	140	62.22
2	辽中南城市群	920	0.464	0.357	128	13.91	50	39.06
3	山东半岛城市群	914	0.484	0.364	154	16.85	82	53.25
4	长江三角洲城市群	972	0.490	0.402	247	25.41	134	54.25
5	珠江三角洲城市群	938	0.549	0.332	161	17.16	92	57.14
6	晋中城市群	490	0.708	0.310	159	32.45	76	47.80
7	呼包鄂榆城市群	528	0.568	0.318	83	15.72	32	38.55
8	哈长城市群	772	0.499	0.327	86	11.14	38	44.19
9	江淮城市群	888	0.541	0.342	154	17.34	76	49.35
10	海峡西岸城市群	872	0.493	0.365	174	19.95	102	58.62
11	环鄱阳湖城市群	816	0.521	0.350	126	15.44	54	42.86
12	中原城市群	862	0.477	0.327	83	9.63	36	43.37
13	长江中游城市群	882	0.564	0.309	120	13.61	36	30.00
14	长株潭城市群	910	0.566	0.358	187	20.55	86	45.99
15	北部湾城市群	604	0.550	0.341	103	17.05	60	58.25
16	成渝城市群	936	0.515	0.366	185	19.76	98	52.97
17	黔中城市群	574	0.658	0.316	142	24.74	76	53.52
18	滇中城市群	540	0.592	0.326	78	14.44	24	30.77
19	关中—天水城市群	754	0.574	0.327	113	14.99	38	33.63
20	兰西城市群	502	0.538	0.317	49	9.76	26	53.06
21	宁夏沿黄城市群	392	0.502	0.328	47	11.99	32	68.09
合计		16000			2804	17.53	1388	49.50

附录七　2013年城市群代表性二位数产业内共聚系数测度结果

序号	城市群名称	非金属矿采选业	食品制造业	纺织业	化学原料和化学制品制造业	医药制造业	通用设备制造业	汽车制造业	计算机、通信和其他电子设备制造业
1	京津冀城市群	0.225	0.465	0.566	0.586	0.636	0.454	0.430	0.801
2	辽中南城市群	0.173	0.444	0.357	0.439	0.478	0.502	0.488	0.558
3	山东半岛城市群	0.329	0.321	0.502	0.460	0.438	0.468	0.283	0.480
4	长江三角洲城市群	0.788	0.618	0.893	0.435	0.259	0.387	0.461	0.649
5	珠江三角洲城市群	0.784	0.513	0.574	0.370	0.410	0.398	0.511	0.986
6	晋中城市群	0.326	0.621	0.872	0.525	0.592	0.683	0.614	0.889
7	呼包鄂榆城市群	0.217	0.519	0.594	0.348	0.609	0.618	0.591	0.662
8	哈长城市群	0.708	0.402	0.520	0.603	0.466	0.584	0.518	0.584
9	江淮城市群	0.433	0.488	0.462	0.323	0.341	0.654	0.607	0.743
10	海峡西岸城市群	0.559	0.470	0.433	0.470	0.435	0.511	0.519	0.574
11	环鄱阳湖城市群	0.466	0.645	0.467	0.390	0.467	0.656	0.526	0.462
12	中原城市群	0.632	0.669	0.465	0.389	0.462	0.461	0.401	0.411
13	长江中游城市群	0.250	0.567	0.330	0.681	0.316	0.727	0.503	0.587
14	长株潭城市群	0.499	0.352	0.689	0.532	0.507	0.644	0.469	0.532
15	北部湾城市群	0.714	0.511	0.592	0.347	0.725	0.482	0.404	0.641
16	成渝城市群	0.236	0.485	0.451	0.604	0.540	0.578	0.679	0.469
17	黔中城市群	0.723	0.622	0.753	0.523	0.901	0.932	0.890	0.652
18	滇中城市群	0.566	0.822	0.799	0.666	0.738	0.547	0.715	0.799
19	关中—天水城市群	0.505	0.463	0.378	0.481	0.651	0.658	0.460	0.631
20	兰西城市群	0.171	0.517	0.485	0.500	0.596	0.486	0.528	0.789
21	宁夏沿黄城市群	0.652	0.821	0.349	0.490	0.552	0.462	0.472	—

附录八 行业技术水平分类

分类	代码	行业名称	代码	行业名称
高技术产业	271	化学药品原药制造	373	摩托车制造
	272	化学药品制剂制造	374	自行车制造
	273	中药饮片加工	375	船舶及浮动装置制造
	274	中成药制造	376	航空航天器制造
	275	兽用药品制造	379	交通器材及其他交通运输设备制造
	276	生物、生化制品的制造	391	电机制造
	277	卫生材料及医药用品制造	392	输配电及控制设备制造
	351	锅炉及原动机制造	393	电线、电缆、光缆及电工器材制造
	352	金属加工机械制造	394	电池制造
	353	起重运输设备制造	395	家用电力器具制造
	354	泵、阀门、压缩机及类似机械的制造	396	非电力家用器具制造
	355	轴承、齿轮、传动和驱动部件的制造	397	照明器具制造
	356	烘炉、熔炉及电炉制造	399	其他电气机械及器材制造
	357	风机、衡器、包装设备等通用设备制造	401	通信设备制造
	358	通用零部件制造及机械修理	402	雷达及配套设备制造
	359	金属铸、锻加工	403	广播电视设备制造
	361	矿山、冶金、建筑专用设备制造	404	电子计算机制造
	362	化工、木材、非金属加工专用设备制造	405	电子器件制造
	363	食品、饮料、烟草及饲料生产专用设备制造	406	电子元件制造
	364	印刷、制药、日化生产专用设备制造	407	家用视听设备制造
	365	纺织、服装和皮革工业专用设备制造	409	其他电子设备制造
	366	电子和电工机械专用设备制造	411	通用仪器仪表制造
	367	农、林、牧、渔专用机械制造	412	专用仪器仪表制造
	368	医疗仪器设备及器械制造	413	钟表与计时仪器制造
	369	环保、社会公共安全及其他专用设备制造	414	光学仪器及眼镜制造
	371	铁路运输设备制造	415	文化、办公用机械制造
	372	汽车制造	419	其他仪器仪表的制造及修理
中技术产业	61	烟煤和无烟煤的开采洗选	81	铁矿采选
	62	褐煤的开采洗选	89	其他黑色金属矿采选
	69	其他煤炭采选	91	常用有色金属矿采选
	71	天然原油和天然气开采	92	贵金属矿采选
	79	与石油和天然气开采有关的服务活动	93	稀有稀土金属矿采选

分类	代码	行业名称	代码	行业名称
中技术产业	101	土砂石开采	309	其他塑料制品制造
	102	化学矿采选	311	水泥、石灰和石膏的制造
	103	采盐	312	水泥及石膏制品制造
	109	石棉及其他非金属矿采选	313	砖瓦、石材及其他建筑材料制造
	110	其他采矿业	314	玻璃及玻璃制品制造
	251	精炼石油产品的制造	315	陶瓷制品制造
	252	炼焦	316	耐火材料制品制造
	253	核燃料加工	319	石墨及其他非金属矿物制品制造
	261	基础化学原料制造	321	炼铁
	262	肥料制造	322	炼钢
	263	农药制造	323	钢压延加工
	264	涂料、油墨、颜料及类似产品制造	324	铁合金冶炼
	265	合成材料制造	331	常用有色金属冶炼
	266	专用化学产品制造	332	贵金属冶炼
	267	日用化学产品制造	333	稀有稀土金属冶炼
	281	纤维素纤维原料及纤维制造	334	有色金属合金制造
	282	合成纤维制造	335	有色金属压延加工
	291	轮胎制造	341	结构性金属制品制造
	292	橡胶板、管、带的制造	342	金属工具制造
	293	橡胶零件制造	343	集装箱及金属包装容器制造
	294	再生橡胶制造	344	金属丝绳及其制品的制造
	295	日用及医用橡胶制品制造	345	建筑、安全用金属制品制造
	296	橡胶靴鞋制造	346	金属表面处理及热处理加工
	299	其他橡胶制品制造	347	搪瓷制品制造
	301	塑料薄膜制造	348	不锈钢及类似日用金属制品制造
	302	塑料板、管、型材的制造	349	其他金属制品制造
	303	塑料丝、绳及编织品的制造	441	电力生产
	304	泡沫塑料制造	442	电力供应
	305	塑料人造革、合成革制造	443	热力生产和供应
	306	塑料包装箱及容器制造	450	燃气生产和供应业
	307	塑料零件制造	461	自来水的生产和供应
	308	日用塑料制造	469	其他水的处理、利用与分配

续表

分类	代码	行业名称	代码	行业名称
低技术产业	131	谷物磨制	191	皮革鞣制加工
	132	饲料加工	192	皮革制品制造
	133	植物油加工	193	毛皮鞣制及制品加工
	134	制糖	194	羽毛（绒）加工及制品制造
	135	屠宰及肉类加工	201	锯材、木片加工
	136	水产品加工	202	人造板制造
	137	蔬菜、水果和坚果加工	203	木制品制造
	139	其他农副食品加工	204	竹、藤、棕、草制品制造
	141	焙烤食品制造	211	木质家具制造
	142	糖果、巧克力及蜜饯制造	212	竹、藤家具制造
	143	方便食品制造	213	金属家具制造
	144	液体乳及乳制品制造	214	塑料家具制造
	145	罐头制造	219	其他家具制造
	146	调味品、发酵制品制造	221	纸浆制造
	149	其他食品制造	222	造纸
	151	酒精制造	223	纸制品制造
	152	酒的制造	231	印刷
	153	软饮料制造	232	装订及其他印刷服务活动
	154	精制茶加工	233	记录媒介的复制
	161	烟叶复烤	241	文化用品制造
	162	卷烟制造	242	体育用品制造
	169	其他烟草制品加工	243	乐器制造
	171	棉、化纤纺织及印染精加工	244	玩具制造
	172	毛纺织和染整精加工	245	游艺器材及娱乐用品制造
	173	麻纺织	421	工艺美术品制造
	174	丝绢纺织及精加工	422	日用杂品制造
	175	纺织制成品制造	423	煤制品制造
	176	针织品、编织品及其制品制造	424	核辐射加工
	181	纺织服装制造	429	其他未列明的制造业
	182	纺织面料鞋的制造	431	金属废料和碎屑的加工处理
	183	制帽	432	非金属废料和碎屑的加工处理